SHINGO PRIZE
for EXCELLENCE in MANUFACTURING

精益实践

精益术语汇编（第5版）

LEAN LEXICON 5TH EDITION

[美] 美国精益企业研究院（Lean Enterprise Institute） 著

精益企业管理咨询（上海）有限公司 译

人民东方出版传媒
People's Oriental Publishing & Media
東方出版社
The Oriental Press

图书在版编目（CIP）数据

精益术语汇编：第 5 版 / 美国精益企业研究院 著；精益企业管理咨询（上海）有限公司 译 .— 北京：东方出版社，2024.6
（精益实践）
书名原文：Lean Lexicon 5th Edition
ISBN 978-7-5207-2657-3

Ⅰ. ①精… Ⅱ. ①美… ②精… Ⅲ. ①制造工业—工业企业管理—生产管理—名词术语—汇编 Ⅳ. ① F407.406.2-61

中国版本图书馆 CIP 数据核字（2022）第 040085 号

精益术语汇编：第 5 版
（JINGYI SHUYU HUIBIAN: DI 5 BAN）

作　　者：［美］美国精益企业研究院
译　　者：精益企业管理咨询（上海）有限公司
责任编辑：申　浩
出　　版：东方出版社
发　　行：人民东方出版传媒有限公司
地　　址：北京市东城区朝阳门内大街 166 号
邮　　编：100010
印　　刷：北京联兴盛业印刷股份有限公司
版　　次：2024 年 6 月第 1 版
印　　次：2024 年 6 月第 1 次印刷
开　　本：880 毫米 ×1230 毫米　1/32
印　　张：7.125
字　　数：130 千字
书　　号：ISBN 978-7-5207-2657-3
定　　价：49.00 元
发行电话：（010）85924663　85924644　85924641

推荐序一

质量是企业的生命，精益是企业提质增效的有效工具，为企业管理转型升级提供了清晰的路径。精益既可以指导企业的经营生产，也可以助力企业的设计研发，精益管理涉及企业管理的方方面面，对于企业发展具有重要意义。

中国有 4000 多万家各类企业，中小微企业占比超过 95%，广大中小企业经过多年的发展，产品研发、质量管控、经营管理水平都有了很大的提升，为我国的经济发展、劳动就业、科技进步、社会稳定作出了巨大贡献。但不容否认的是，我国的广大中小企业是在改革开放后的几十年间迅速诞生、成长、发展起来的，是从物资短缺中走过来的，是很多本来没有做过工业或没有受过系统工业化训练的人逐渐摸索着做起来的。因此，在我们的一些企业中，难免或必然存在着粗放、浪费、品质差、质量低、成本高等不良现象，尤其是与日本、德国等企业管理较为系统、成熟、精细的国家相比，我们确实还有不小的差距。为此，国家制定了《“十四五”促进中小企业发展规划》，其中明确提出了九项重点工程，而中小企业质量品牌提升工程即为其中之一。中小企业应利用好政策的优势，借鉴国内外成功企业在质量管理和质量技术方法推广应用方面的经验，做好引进、消化和吸收，让好的方法为我所用，实现自身的良性发展，是一条较为符合我国实际的策略。而精益管理，正是这样一种适合广大企业学习运用且行之有效的方法。

《中华人民共和国国民经济和社会发展第十四个五年规划和2035 年远景目标纲要》明确提出，要“实施领航企业培育工程，培育一批具有生态主导力和核心竞争力的龙头企业。推动中小企业提升专业化优势，培育专精特新‘小巨人’企业和制造业单项冠军企业”。国家大力倡导培育“专精特新”企业，其中的“精”是指“精细化”，而精益的理念刚好契合了精细化的概念。对于企业如何去做精细化管理，实现精细化目标，精益管理提供了答案。从这个角度来看，实施精益管理既符合企业自身发展的需求，也符合国家促进中小企业良好发展的期望。

我们认为，虽然精益管理的理念及方法首先诞生于日本，有些方面或许与我国的企业管理理念有所区别，但这并不妨碍我们学习和借鉴；虽然精益管理诞生于20世纪，而随着这些年来工业领域的智能制造、数字化、工业互联网、物联网、供应链等技术的突飞猛进，为一些具体操作工具也插上了信息化的翅膀，作为一种系统的管理思想和方法，对于一些中小企业而言仍具有较高的实践价值。

我们理解，精益管理首先是一种思想、观念、意识，即作为企业管理者，在思想上要始终树立降低成本、减少浪费、持续改进、不断优化、提高质量、提升价值的意识，要认识到改进生产工艺流程无穷期、降低价值链上的各种成本费用无止境、提高产品质量无尽头、提升产品价值无终点。其次，精益管理是一个体系、系统、网络、链条，是一个企业全方位、全流程、全员都囊括其中、所有人要参与的全体行动，不是零星、局部、个别环节、某个人的单一行为。这就是说，精益管理必须整体动员，从企业高层到基层，从前端的原材料供应到后端的产成品交付及客户服务，从物资到厂房、机器设备再到资金以及人力资源等所有要素，都要纳入精益管理的系统之内，协同行动，才能将精益做好。最后，精益管理是通过一系列原则、标准、方法等具体工具实施的，是实践、行动和具体工作，其中涵盖了很多科学管理方法，如戴明环、流程图、六西格玛、价值流图，以及若干数据分析、看板、图、表等具有特殊功能的管理手段。所以说，精益管理需要掌握这些原则，学习这些方法，并具体投入实践才行。

为了更好地推广精益思想，培育精益管理人才，精益企业中国（Lean Enterprise China, LEC）将《精益术语汇编》《均衡生产》《综观全局》《创建连续流》《精益物流》《建立一个精益的供需系统》这套在国外久负盛名的精益工具书引入中国，在国内翻译出版。这套书的引进，有利于在广大中小企业中培养一批懂精益、用精益的高水平质量人才队伍，为广大质量工作者学习精益提供帮助，同时，也必然有利于助力广大中小企业走专精特新之路，让企业更有生命力、竞争力和发展力，助力企业整体运行的质量提升。我们衷心希望，在全社会重视质量、发展质量、提升质量的大背景下，精益管理在建设质量强国的道路上能发挥更大作用！

宁金彪

中国中小企业协会副会长

推荐序二

《精益术语汇编》是全球精益实践者惯用的一本词典，书中包罗了近200个多国语言的精益术语，作者针对每个名词都加了注解，是学习精益者必读必备的参考书。写这本书的目的是统一全球精益实践者的精益词汇，有助于彼此学习，以高效地满足客户需求，消除浪费，降低成本。

本书由精益思想创始人沃麦克（Jim Womack）博士领导的美国精益企业研究院（Lean Enterprise Institute，LEI）于21世纪初邀请全球知名的精益先驱约翰·舒克（John Shook）先生编纂出版。20余年来，LEI不断在全球收集新开发的精益用词，前后出版了5个修订版。精益企业中国（Lean Enterprise China，

LEC）这些年也追随其脚步，持续更新翻译版，目的是把最新的知识带给中国的精益同好们。

欣见全球加入精益管理行列的人越来越多，当年最早在汽车制造业起家的精益生产，已经横向扩展到飞机、船舶、冶矿，乃至今天最热门的电子产品制造业；同时，精益管理也进一步从制造业拓展到零售服务业，以及医疗等行业。从纵深方面来说，精益管理已不再是制造车间的专利，也广泛应用在产品研发、财务、供应链以及信息技术等职能部门，可以说精益无处不在。

感谢历年来为翻译这本书作出贡献的精益专家们：清华大学的胡师金、田光宇、金达锋教授，德尔福清华研究所的迟启军、陈建华和刘乐，以及美国密歇根大学的徐丽和王少白博士共同努力翻译的第一版。中国台湾的李兆华老师和美国的张炯煜先生主持了第五版修订。这次我邀请 LEC 多年来培育的精益后起之秀、精益医疗负责人罗伟，根据他对生产线语言的掌握以及十余年积累的精益改善实战经验，为本书再版逐字审校，目的是以易读易懂的方式将精益术语推介给广大读者。

感恩东方出版社合作出版这套精益工具丛书，中国中小企业协会副会长作序推荐。希望这本精益词典为中国企业与个人提供实用的知识与方法。

赵克强博士

精益企业中国总裁

2021 年 10 月

推荐序三

精益管理思想的学习是一个持续精进的过程，回顾自己十余年的学习之旅，我认为有三个关键点：好书、好老师、好机会去实践。

好老师与好机会都不可多得，甚至可遇不可求，那么剩下可以自己掌握的就是多读好书。于我而言，有幸参与了好几本书的翻译过程，例如《精益服务解决方案》、《新乡重夫谈丰田生产方式》，以及《精益转型：医院精益实践指南》等，与每位老师一起翻译，就是一次最好的深入读书的经历。

LEC 团队这些年出版了大量的精益经典图书，从产线设计到全价值流改善，从制造业到餐饮服务业、医疗行业，从生产到产品开发等，为大家带来了大量的“好书”。此次精益工具丛书出版，有幸受赵博士邀请审校本书，我再次全面学习了《精益术语汇编》，这本书既能以“术语”的方式帮助精益初学者快速了解大量专业工具，又能以“知识点”的方式帮助富有经验的精益实践者时常温习各种知识。

对于精益初学者来说，在阅读精益书籍、参加精益培训以及与同行交流中，总会遇到各种各样的专业术语，往往不知其意；甚至有时候针对同样的意思会听到不同的说法，给我们带来很大困扰。这本书将中英文同时列出，加上文字、图例甚至案例予以说明解释，帮助大家更好地理解每个专业术语，更重要的是理解每个术语背后的方法、原理。

对于富有经验的精益实践者来说，这也是一本值得放在案头的“手册”，时常翻一翻，不必从头读到尾，每个术语都能够帮助我们温习其背后的方法与原理，勾起对于曾经具体应用场景的回忆，进一步加深理解，帮助我们逐步构建完整的精益知识架构。

《精益术语汇编》，是每个精益人必备的术语词典。精益思想应用的领域在不断扩展，结合不同行业领域的术语也在不断增长，精益医疗也其中之一。我们计划未来结合医疗领域，整理相应的“精益医疗术语”，以帮助大家更好地学习实践。

罗伟

精益医疗管理中心总监

精益企业中国

2021 年 10 月

引言

编制一本精益术语汇编并非一件容易的事，因为精益界的朋友们通过不同的渠道获得大量相关的知识，并且对术语的用法也因为文化与环境不一样而不同。此外，许多公司还开发了适用于各自企业状况的“精益行话”，以符合需求。因此，我们是基于下列两个简单的原则来选择的精益术语：

1. 重要性

这个精益术语对企业运营非常重要。

2. 广泛应用

该术语不仅是某家公司的用语，更能广泛地在精益圈里应用。

我们需要建立一个通用的形式来介绍每一个术语。因此，决定为每一个术语名词提供：一个简单的定义，相关的例子，以及相关的参照条目和具代表性的图解等，来说明不同的应用。如下页的图例所示。当然，有些术语，例如总工程师以及新建工厂等，简单的图解几乎不可能说明。

作为编者，我们了解某些术语可能与某些同行使用的稍有不同，但我们尽可能地提供最常规的用法。当然，我们在编制中也可能遗漏一些术语，因此诚挚地希望能听到你对补充和改进术语的建议。我们会把这些建议登录在精益企业中国（LEC）的网站，并且在适当的时候，考虑发行修订版。

精益企业研究院

术　语 → Andon（按灯或称信号灯）

定　义 →

一个可视化的管理工具（日语原文为“灯”“灯笼”的意思）。异常状况发生时能发出信号，让现场员工一眼就能看到工作运转状况。

按灯可以用来指示生产状态（例如哪一台设备在运转）、异常情况（例如，机器停机、出现质量问题、工装故障、操作员的延误，以及材料短缺等），以及需要采取的措施（例如换模等）。此外，按灯还可以通过计划与实际产量的对比，来反映生产状态。

举　例 →

典型的 Andon 是一个置于高处的信号灯板，信号灯板上有多行对应工位或机器的灯。当传感器探测到设备出现故障时，就会启动相应的灯位；或是当工人发现机器故障时，可以通过“拉绳”或按钮来启动信号灯。这些灯号可以让现场负责人迅速地作出反应。另外一种典型的信号灯是在设备上方装置有颜色的灯号，红灯表示有问题，绿灯表示正常运转。

相互参考条目 →

参见：Jidoka（自働化）；Visual Management（目视化管理）

图　解 →

简单信号

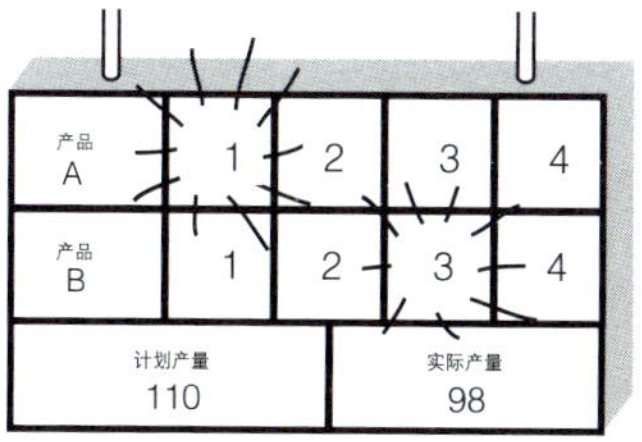

复杂信号

第五版中新录入的词汇：

- Basic Stability
- Coaching
- Gemba Walk
- Huddles
- Kamishibai Board
- Kata
- Leader Standard Work
- Lean Management
- Lean Management Accounting
- Lean Start-up
- Problem Solving
- Service Level Agreement
- Training Within Industry（TWI）
- Value-Stream Improvement

对于外来术语的处理方法

编辑界的指南《芝加哥格式手册》(*Chicago Manual of Style*)通常将读者不熟悉的外国术语用斜体表示。就像大家在许多精益生产与精益思想相关的书籍中，看到 kaizen 和 muda 等都是用斜体表示。但是，我们编写这本词典的目的是让这些术语通俗化；同时，我们也不知道哪些术语是大家熟悉的或不熟悉的。

因此，我们决定将所有的术语一视同仁。为了避免可能的混淆，附录 C 中列举了本书中所有的外来语术语，从而使读者可以确定每个术语的来源。

目 录
Contents

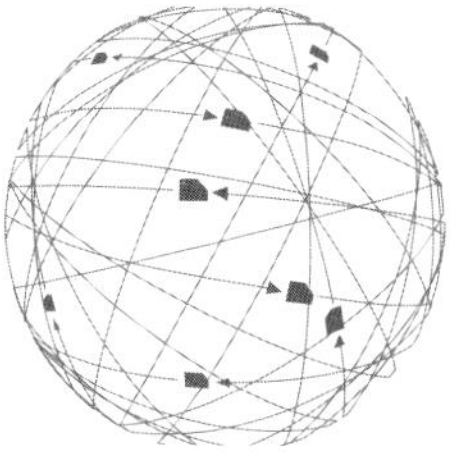

Chaku-Chaku（洽咕－洽咕，拟声词） / 014
Change Agent（变革代表） / 015
Changeover（换模） / 016
Chief Engineer（总工程师） / 016
Coaching（教练） / 017
Continuous Flow（连续流） / 018
Cross-Dock（周转仓库） / 019
Current-State Map（当前状态图） / 021
Cycle Time（CT，周期时间） / 021
周期时间－其他与时间相关的术语 / 023
Dashboard（计划与行动目视管理板，或仪表盘） / 025
Demand Amplification（需求放大效应） / 027
Design-In（共同设计） / 029
Downtime（停工时间） / 029
Efficiency（效率） / 030
Apparent Efficiency（表面效率）与 True Efficiency（真实效率） / 030
Total Efficiency（总效率）与 Local Efficiency（局部效率） / 031
Error-Proofing（防错） / 032
Every Product Every Interval (EPEx)（每一产品被再度生产的周期，比如每天生产一次或两次） / 033

Fill-Up System（补货系统） / 034
First In, First Out (FIFO)（先进先出） / 034
5 S / 036
Five Whys（5 个“为什么”） / 038
Fixed-Position Stop System（固定位置停止系统） / 039
Flow Production（流动生产） / 041
Four Ms（四个 M） / 042
Fulfillment Stream（精益供需流） / 043
Future-State Map（未来状态图） / 043
Gemba（现场） / 043
Gemba Walk（现场观察） / 044
Genchi Genbutsu（现地现物） / 044
Greenfield（新建工厂） / 045
Group Leader（组长） / 045
Hansei（反省） / 047
Heijunka（均衡化） / 047
Heijunka Box（生产均衡柜） / 049
Hoshin Kanri（方针管理） / 051
Huddles（团队碰头会） / 051
Ideal-State Map（理想状态图） / 052
Information Flow（信息流） / 052
Inspection（检查） / 056

Inventory（库存） / 056
Buffer Stock（缓冲库存） / 057
Finished Goods（成品库存） / 057
Raw Materials（原材料库存） / 058
Safety Stock（安全库存） / 058
Shipping Stock（装运库存） / 058
Work-in-Process (WIP)（在制品库存） / 058
Inventory Turns（库存周转率或库存周转次数） / 059
Isolated Islands（孤岛作业） / 061
Jidoka（自働化） / 062
Jishuken（自主研） / 064
Just-in-Time (JIT)（及时生产） / 064
Kaikaku（改革） / 065
Kaizen（改善） / 066
Kaizen Promotion Office（改善推进办公室） / 067
Kaizen Workshop（改善研修会） / 067
Kakushin（革新） / 069
Kamishibai Board（业务管理板） / 069
Kanban（看板） / 070
Kata（套路） / 075
Labor Linearity（线性化劳动力） / 077

LAMDA Cycle(Look，Ask，Model，Discuss，Act)（LAMDA 循环） / 077
Leader Standard Work（领导层的标准作业） / 078
Lean Consumption（精益消费） / 079
Lean Consumption and Lean Provision Maps（精益消费与供应流程图） / 081
Lean Enterprise（精益企业） / 084
Lean Logistics（精益物流） / 085
Lean Management（精益管理） / 086
Lean Management Accounting（精益管理会计） / 086
Lean Product and Process Development（精益产品与流程开发） / 087
Lean Production（精益生产） / 089
Lean Promotion Office（精益促进办公室） / 089
Lean Provision（精益供应方） / 091
Lean Start-up（精益创业） / 091
Lean Thinking and Practice（精益思想和实践） / 092
Level Production（均衡生产） / 095
Level Selling（均衡销售） / 095
Machine Cycle Time（机器周期时间） / 096
Mass Production（大批量生产） / 096

Material Flow（物料流） / 097
Material Handling（物料搬运） / 098
Fixed-time, Unfixed-Quantity Conveyance（定时不定量运输） / 099
Fixed-quantity, Unfixed-Time Conveyance（定量不定时运输） / 100
Milk Run（“送牛奶”物流方式） / 101
Mistake-Proofing（防错） / 102
Monument（大批量生产技术） / 102
Muda, Mura, Muri（浪费、不均衡、超负荷） / 102
Muda（浪费） / 102
Mura（不均衡） / 103
Muri（超负荷） / 103
Muda、Mura 和 Muri 的相关性 / 105
Multi-Machine Handling（一人多机操作） / 106
Multi-Process Handling（一人多工序操作） / 106
Nemawashi（建立共识） / 108
Non Value-Creating Time（非增值时间） / 108
Obeya（大部屋） / 108
Ohno, Taiichi 大野耐一 (1912—1990) / 109
One-Piece Flow（一件流） / 109
Operation（操作） / 109

Operational Availability（设备可用率）和 Operation Rate（运转率） / 110
Operator Balance Chart（OBC）（操作员平衡表） / 110
Operator Cycle Time（操作员周期时间） / 112
Out-of-Cycle Work（周期外的工作） / 112
Overall Equipment Effectiveness (OEE)（设备综合效率） / 112
Overproduction（过量生产） / 114
Paced Withdrawal（有节奏的提取） / 115
Pacemaker Process（定拍工序） / 117
Pack-Out Quantity（单位包装数量） / 118
Perfection（尽善尽美） / 118
Pitch（单位制造时间） / 118
Plan, Do, Check, Act (PDCA)（计划、实施、检查、行动） / 119
Plan for Every Part (PFEP)（每个零件制订计划） / 121
Plan For Every Person（每个员工的计划） / 121
Point-of-Use Storage（使用点库存，或线边库存） / 122
Poka-Yoke（防错） / 123
Policy Deployment（方针展开） / 123
Problem Solving（问题解决） / 123
Preventive Maintenance（预防性设备维护） / 124

Process（流程） / 124
Process Capacity Sheet（流程能力表） / 125
Process Village（工艺专业化布局车间） / 125
Processing Time（加工时间） / 127
Product Family（产品族） / 127
Product Family Matrix（产品族矩阵） / 128
Production Analysis Board（生产分析板） / 129
Production Control（生产管理） / 130
Production Lead Time（产品交付期） / 131
Production Preparation Process (3P)（生产准备过程） / 131
Production Smoothing（生产平顺化） / 132
Pull Production（拉动生产） / 132
Supermarket Pull System（库存超市拉动系统） / 132
Sequential Pull System（顺序拉动系统） / 134
Mixed Supermarket and Sequential Pull System（库存超市与顺序拉动混合系统） / 135
Push Production（推动生产） / 137
Quality Assurance（质量保证） / 137
Quality Control Circle（品管圈） / 137
Quality Function Deployment（QFD）（质量功能展开） / 138
Red Tagging（红标签） / 139
Resident Engineer（驻厂工程师） / 140

Reusable Knowledge（可重复使用的知识） / 140
Right-sized Tools（适当尺寸的装备） / 140
Safety Stock（安全库存） / 141
Sensei（导师） / 141
Sequential Pull（顺序拉动） / 141
Service Level Agreement（服务水平协议） / 141
Set-based Concurrent Engineering（多方案同步进行的开发工程） / 142
Set-up Reduction（缩短换型时间） / 143
Seven Wastes（七种浪费） / 144
Shingo, Shigeo (1909—1990)（新乡重夫） / 145
Shojinka（少人化） / 146
Shusa（主查） / 147
Single Minute Exchange of Die（SMED）（快速换模） / 147
Single-Piece Flow（单件流） / 148
Six Sigma（六西格玛） / 148
Spaghetti Chart（意大利面条图） / 149
Standardized Work（标准化作业） / 150
Strategy Deployment（战略部署） / 156
Supermarket（超市） / 160
Takt Image（节拍概念） / 161
Takt Time（节拍时间） / 162

Target Cost（目标成本） / 164
Team Leader（班长） / 164
Theory of Constraints (TOC)（约束理论） / 165
Three Ms (3M) / 166
Three Ps (3P) / 166
Throughput Time（产出时间） / 166
Total Productive Maintenance (TPM)（全员生产维护） / 166
Total Quality Management（全面质量管理） / 167
Toyoda, Kiichiro (1894—1952)（丰田喜一郎） / 167
Toyoda, Sakichi (1867—1930)（丰田佐吉） / 168
Toyota Production System（TPS）（丰田生产系统） / 168
Trade-off Curves（权衡曲线） / 170
Training Within Industry (TWI)（一线主管技能训练） / 172
True North（真北） / 173
Tsurube System（看板-先进先出系统） / 173
Useable Knowledge（可用的知识） / 175
Value（价值） / 175
Value-Creating（增值） / 175
Non Value-Creating（非增值） / 176
Value-Creating Time（增值时间） / 176
Value Stream（价值流） / 176
Value-Stream Improvement（价值流改善） / 176

Value Stream Manager（价值流经理） / 178
Value Stream Mapping（VSM）（价值流图） / 179
Visual Management（目视化管理） / 181
Waste（浪费） / 181
Waterspider（水蜘蛛） / 182
Work（工作） / 182
Work Element（作业要素） / 183
Work-in-Process (WIP)（在制品） / 184
Yamazumi Board（山积表） / 184
Yokoten（横向展开） / 184
价值流图符号 / 186
本书所用到的精益术语缩略词 / 191
本书自日语中引用的精益术语 / 193
本书自德语中引用的精益术语 / 195
精益企业中国（LEC） / 196

A3 Report（A3 报告）

一个由丰田公司开创的描述事件或问题的方法。通常用图表把问题、分析、改进措施，以及执行计划囊括在一张 A3 尺寸的纸上。在丰田公司，A3 报告已经成为一个标准方法，用来总结解决问题的方案，进行状态汇报，以及价值流改善的行动计划等。

国际通用的 A3 纸宽 297 毫米、长 420 毫米。在美国，最接近这个尺寸的纸张是 11 英寸[①]×17 英寸。

参见：VSM（价值流图）

① 1 英寸 =2.54 厘米

Apex公司创建连续流项目
卡车输油管定拍工序生产单元

1) 背景/业务案例

务必将改善计划与业务目标联系起来

产品：S/L/A油管

位置：Anytown

需求：

- 顾客要求成本降低5%
- 提高生产效率

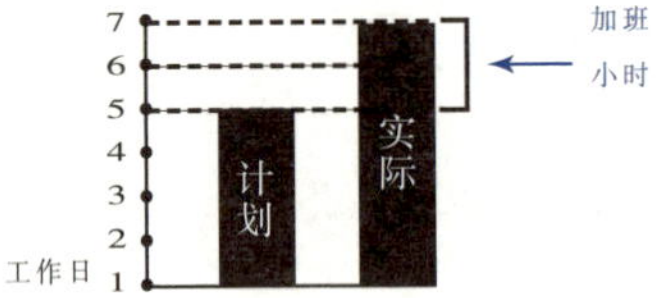

2) 现状

- 物料未连续流动
- 操作员未流动（每名操作员守在一台设备前）
- 产量不稳定
- 加班过多
- 不能按节拍时间进行生产
- 操作员人数超过需求

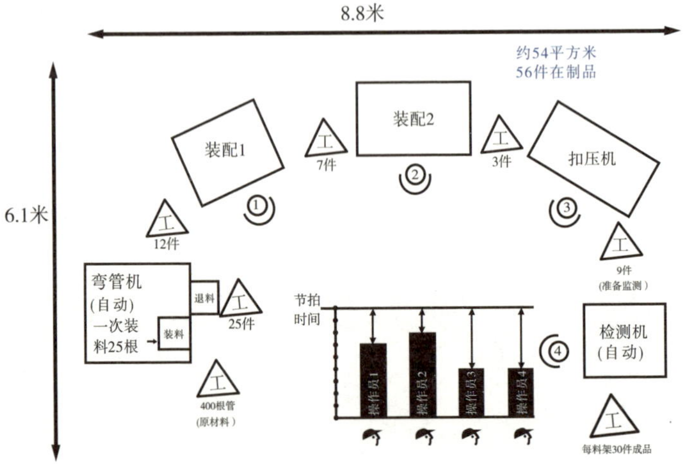

3） 改进目标

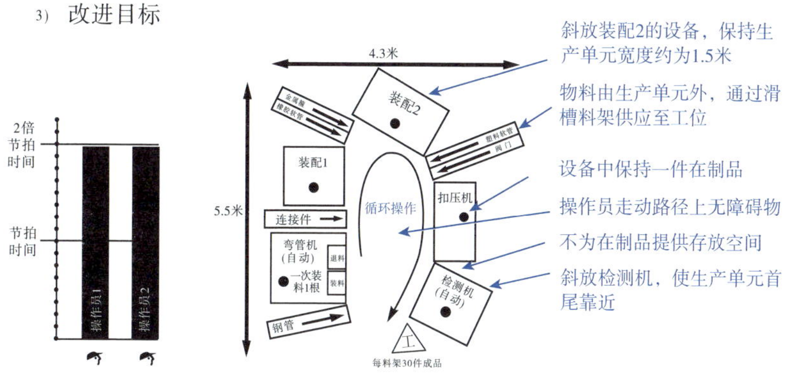

4） 执行

序号	任务	标准	负责人	指标	3月	4月	5月	6月	评审	评审
1	基础培训				○—△				○	
2	试运行				○—△				○	
3	增加自动退料功能				○—	—◇—△			△	
4	重新布置单元				○—	—△			○	
5	标准化作业培训				○—	—△			○	
6	物料人员培训				○—	—△			△	
7	调试					○—	—?			
8	成品超市系统					○—△				
9	生产看板					○—	—△			
10	正式运作						○—	—△		
11	生产均衡柜							○—		

○ 计划开始时间　△ 计划完成时间
● 实际开始时间　▲ 实际完成时间
（计划／跟踪）　◇ 评审

○ 达到目标　× 出现问题
△ 落后目标

5）

	每小时产量	在制品	占地面积	单位成本
当前	20件	56件	53.9平方米	8.27美元
目标	40件	5件	23.4平方米	7.27美元

务必写出目标值以便对改善成果进行追踪

* 详细改善案例可参考东方出版社《创建连续流》，第126—127页。——译者注

A-B Control（A-B 控制）

一种控制两台设备或两个工位之间制造产品的方法，用于避免过量生产，以确保资源的平衡使用。

图示中，除非满足下面三个条件，否则任何一台设备或传送带都不准运行：A 设备已装满零件，传送带上有标准数量的在制品（本例中为一件），B 设备上没有零件。只有当这三个条件都满足的时候，才可以进行下一个制造步骤，然后等再次满足这些条件时，再进行下一个循环。

参见：Inventory（库存）；Over Production（过量生产）

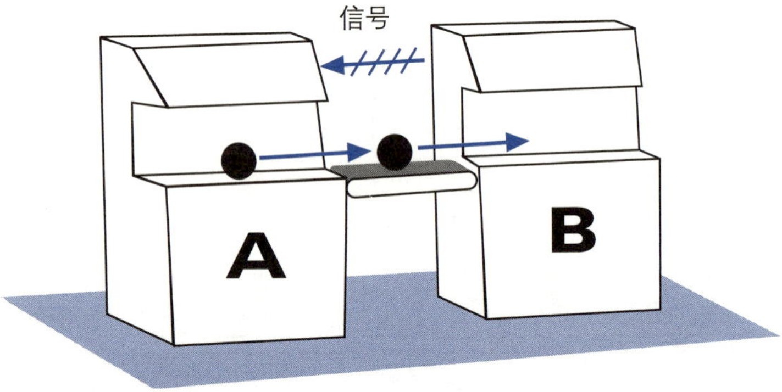

ABC 产品分析

根据需求将产品数量分组。精益思想者运用这种分析法来决定库存的数量和种类。A 类代表高需求产品，B 类为一般需求产品，C 类为低需求产品。C 类产品通常包括不常见的颜色或组件，特别类型或特别的替换件。

参见： Flow Production（流动生产）；Pull Production（拉动生产）

Andon（按灯或称信号灯）

一个可视化的管理工具（日语原文为“灯”“灯笼”的意思）。异常状况发生时能发出信号，让现场员工一眼就能看到工作运行状况。

按灯可以用来指示生产状态（例如哪一台设备在运转）、异常情况（例如，机器停机、出现质量问题、工装故障、操作员的延误，以及材料短缺等），以及需要采取的措施（例如换模等）。此外，按灯还可以通过计划与实际产量的对比，来反映生产状态。

典型的 Andon 是一个置于高处的信号灯板，信号灯板上有多行对应工位或机器的灯。当传感器探测到设备出现故障时，就会启动相应的灯位；或是工人发现机器故障时，可以通过“拉绳”或按钮来启动信号灯。这些灯号可以让现场负责人迅速地作出反应。另外一种典型的信号灯是在设备上方装置有颜色的灯号，红灯表示有问题，绿灯表示正常运转。

参见：Jidoka（自働化）；Visual Management（目视化管理）

简单信号

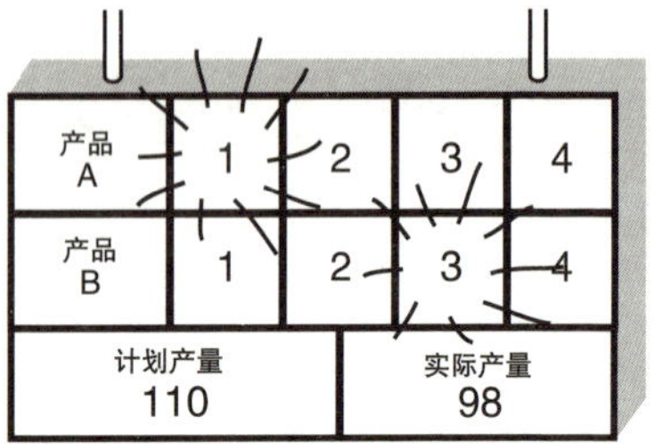

复杂信号

Automatic Line Stop（自动停止生产线）

出现问题或质量缺陷的时候，生产线都能自动停止。

自动停止生产线通常使用传感器或相应机制探测异常情况。

一旦发生问题，就会自动停止生产线。对手动生产线而言，通常设置固定的位置来停止生产线。当操作员无法在生产周期中解决问题时，可以通过信号灯或拉绳来停止生产线。

以上的例子解释了自働化（Jidoka）的精益原则，主要目的是防止缺陷进入下一个生产工序从而制造出有缺陷的产品。与之形成对比的是，有些大批量生产的厂家为了取得较高的设备利用率，即便在发现不良品重复出现，事后必须返工的情况下，仍维持生产线运转。

参见：Error-proofing（防错）；Fixed-Position Stop System（固定位置停止系统）；Jidoka（自働化）

自动停止生产线

Autonomation（智能控制）

参见： Jidoka（自働化）

Basic Stability（基本稳定性）

一家制造企业必须具备稳定的产能与设备，以及柔性生产的能力。缺乏这些基本条件，制造过程往往会产生不稳定，根本无法进行改善。

一个制造流程是否具备基本稳定性，取决于其制造能力（不需要自动化设备，就能可靠地制造出优良产品）、设备稳定（按需要的节拍制造产品），以及柔性生产（灵活地在一个班次里制造不同类型产品）。

流程稳定是及时生产的必要条件，然后才能遵循基本稳定、流动、节拍、拉动、均衡的循环。企业的成功有赖于这个循环的持续运转。

参见： EPEx（每一产品再生产的周期）；Heijunka（均衡）；

Jidoka（自働化）；Just-in-Time（及时生产）；Muda、Mura、Muri（浪费、不均衡、超负荷）；Total Productive Maintenance（全员生产维护）

Batch-and-Queue（批量和等待）

一种不考虑实际需求，采取大批量制造的生产方式，可能会导致大量半成品堆积在仓库里，或下一个生产工序前，造成大量的库存浪费（包括在制品与成品）。

参见：Continuous Flow（连续流）；Lean Production（精益生产）；Over Production（过量生产）；Push Production（推动生产）

批量和等待生产

Brownfield（现有的生产工厂）

一家已经运营的工厂。一般来说，当前大多数制造工厂都按照大批量生产方式运营。

比较： Greenfield（新建的工厂）

Buffer Stock（缓冲库存）

参见： Inventory（库存）

Building in quality, Built-in quality（内建质量）

参见： Jidoka（自働化）

Build-to-Order（按订单生产）

按订单生产，而不是根据市场预测生产。订单交付期都比客户预期的短。

这是精益思想者努力的目标，因为它避免了出于需求扩大，或者基于市场预测所带来的浪费。

参见： Demand Amplification（需求放大效应）；Heijunka（均衡化）；Level Selling（均衡销售）

Capital Linearity（线性化投资）

一种管理设备投资的理念，使产能可以随着需求变化而小幅度地增减。这种方法可以控制产品平均投资额的稳定性，使单位产品的设备成本更为线性化。

举例来说，要达到 10 万件的年产量，制造商有两种选择：一次购买一系列设备，每个设备年产能 10 万件，将它们安装在一条连续的生产线上；或者，制造商可以采购十套产能较小的设备，分装到十台年产能 1 万件的生产单元中。

如果 10 万件产品的需求是正确的话，而且能够持续，那么这条具备 10 万件产能的单一生产线很可能是最经济的投资方式。然而，当实际需求与市场预测不一致的时候，第二种选择则具有绝对优势。

当需求超过 10 万件时，制造商可以选择一条产能 10 万件的生产线，或增加相应数量的生产单元（1 万件）来满足客户需求。单位产能投资因为只增加需要的生产单元，受到市场变化的影响较小。这也是均衡生产的一种表现。

当需求少于 10 万件时，新的问题出现了。第一种选择无法降低产能以维持当前的效率；但是，第二种选择可以通过停止相应的生产单元来降低产能。

参见： Labor Linearity（线性化劳动力）；Monument（大批量生产技术）；Right-sized Tools（适当尺寸的装备）

Catchball（接球）

参见： Strategy Deployment（战略部署）

Cell（生产单元）

生产单元是一种生产方式，将制造产品的各个工位紧密连接，近似于一个连续流。在生产单元里，无论是一次生产一件还是一个小批量，都经过完整的加工步骤来实现连续流。

U 型生产（如下图所示）单元在制造业界使用得非常普遍，因为它把工序之间的走动距离缩短到最小。同时，操作员可以

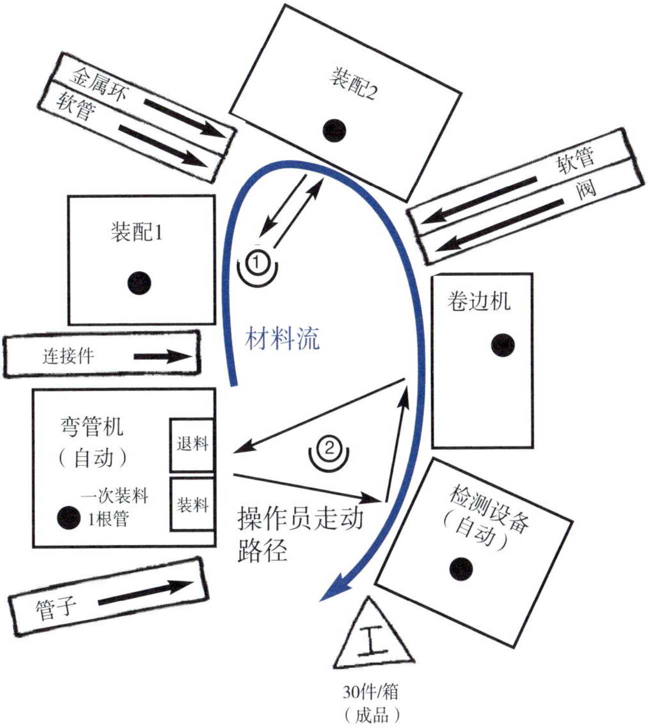

例　U 型生产单元

按照需求对工作任务进行不同的组合。这是精益生产的一个重要工具，因为 U 型单元里的操作人数可以随着需求而改变。在某些情况下，U 型单元可以安排同一名操作员来完成第一个和最后一个工序，这对于保持制造节奏以及平顺流动会有很大的帮助。

许多公司将“单元（Cell）”和“线（Line）”这两个术语交换使用。

有的人指出物料在生产单元中应从右往左流动，因为大多数人都是右手操作，物料从操作者的右边向左流动会使流程更加有效自然。然而，一些生产加工也有从左往右流动的例子。因此，哪个流动方向更有意义，需要针对个案具体分析以及评估后确定。

参见：Continuous Flow（连续流）；Operator Balance Chart（操作员平衡表）；Standardized Work（标准化操作）

Chaku-Chaku（洽咕 - 洽咕，拟声词）

是一种实施单件流的简易自动化方法，洽咕 – 洽咕（拟声词）表示该简易自动化装置自动化上下料时发出的声音。一个生产单元如果装有自动下料的设备，操作员不需要停下来下料，通过简易自动化的装置就能直接将卸载的产品装到另一台机器上。这样，操作员可以只做机器不易自动装载的动作，从而节省时间，增加操作员的增值工作。

例如，在一个生产单元里，第一台设备在生产周期结束后自动下料，而此时，第二台机器也恰好结束上一个工作周期，并卸载完成的产品。操作员把从第一台设备卸载的工件装到第二台机器上，启动设备，并接着把第二台设备卸载的工件装到后面那台设备上，以此类推。这个术语在日语中以拟声词“洽咕–洽咕”来表现。

参见：Cell（生产单元）；Continuous Flow（连续流）

Change Agent（变革代表）

负责执行改变措施以达成精益目标的代表人，需要拥有坚定的意志力和决心来推行根本性的改革，并且坚定地执行下去。

在某些情况下，执行改变的领导者可能来自组织外部。如果来自组织内部，领导者在变革初期不一定具备丰富的精益生产的知识，但是可以跟随精益专家学习。执行改变的领导者必须经常追踪，并且评估这些精益方法的实际效益，并确认改变已经有效地融入新的生产方式中。

对比：Sensei（导师）

Changeover（换模）

一台设备（例如冲压机或铸模机）或一系列设备（例如装配线或生产单元）通过更换零件、模具或夹具等，可以制造不同的产品。有人也称之为换型准备（Set-up）。

换模时间的计算，从换模前加工完最后一件产品的时间算起，到换模后加工完第一件合格产品的时间结束。

参见：SMED（快速换模）

Chief Engineer（总工程师）

在丰田公司，这个术语指的是一位全权负责某个产品从开发、运营到售后服务整条价值链的管理者。日语为“主查”（Shusa）。

总工程师领导一个人数不多但专业的小团队，负责产品概念的开发、工艺、营销、售后服务，以及市场信息回馈等一条龙作业。

总工程师们通常具有很强的协调能力，领导工程师、设计师和其他职能部门的同事们有效地发挥所长，完成任务。他们最重要的职责之一是使团队对产品有一个清晰并准确的共识。

但是，总工程师并不具备直接监督管理团队成员的实权。大部分开发团队的成员都向各自的职能部门经理汇报工作（在丰田案例中，部门经理包括车身工程部门、动力工程部门、测试认证工程部门，以及采购部门等）。这种矩阵式的组织结构使项目领导层和职能部门领导之间存在一定的紧迫感。

这样的紧迫感成为革新的动力，使项目领导不断地推动各职能部门向市场需求的新领域研发，以保持技术能力的先进性。有人将总工程师这个职位称为企业的系统设计师，或是战略部署领导者。

参见： Value Stream Manager（价值流经理）

Coaching（教练）

一个角色，帮助其他员工在运用精益工具、实践精益原则时掌握所需的问题解决技能，以及帮助建设公司持续改善的文化。

在精益管理中，教练应避免直接告知学员如何去做，因为这样会使学员丧失对问题自我思考的机会，也剥夺了他们对问题的主人翁精神。教练与问题负责人相比较，前者对问题状态不如后者清楚。

教练的角色就是提出开放性的问题，帮助学员思考现状是否已经被掌握清楚了，同时引导学员回顾采取的对策是否基于实际现状。

帮助精益管理者实施教练工作方法的技术包括：

- 辅导循环中运用 PDCA 的科学方式
- 运用提问帮助学员掌握问题的状态
- 评估学员解决问题的能力，而非取代其解决问题的责任
- 观察并提供反馈，而非无故找碴儿

参见：Plan，Do，Check，Act（PDCA）（计划、实施、检查、行动）

Continuous Flow（连续流）

在一连串的生产流程中，每次只生产和运输一件或一小批量产品；每个步骤只执行下一步骤所需要的工作，使生产流程尽可能连贯。

连续流可以通过很多种方式来实现，包括将装配线改造

成若干个手工生产单元（Manual Cell）等。它也被称为一件流（One-piece Flow）、单件流（Single-piece Flow）。

参见：Batch and Queue（批量 - 等待）；Flow Production（流动生产）；One-Piece Flow（一件流）

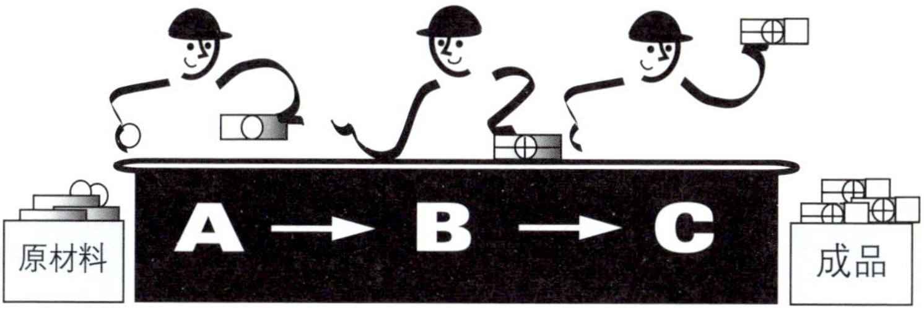

C

Cross-Dock（周转仓库）

一个分类和重新组合来自众多供应商不同产品的场地，继而将完成分类或组合的产品发送至不同的客户，例如装配厂、批发商或是零售商等。

常见的例子是，拥有多家工厂的制造商为了高效地接收不同供应商发来的货物而设立的仓库。当一辆装满了产品的卡车到达仓库的时候，货物立即被卸下，并被放置到多条传输通道上，以便装载到开往不同工厂的卡车上去。

由于周转仓库不用来存放货物，因此它并不是一个储物仓库。通常货物从入仓的汽车上卸下，再被运送到转运通道等待出仓，往往是短时间内完成的。如果管理得当，出仓频率足够高，货物在周转仓库内的停留时间不会超过 24 小时。

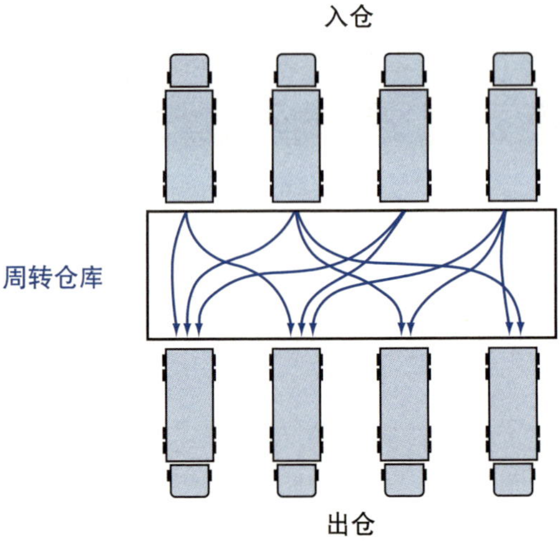

Current-State Map（当前状态图）

参见：VSM（价值流图）

Cycle Time（CT，周期时间）

指的是制造一件产品或完成一个加工过程所需要的时间。通常由实际测量得出，以秒或分钟为单位。

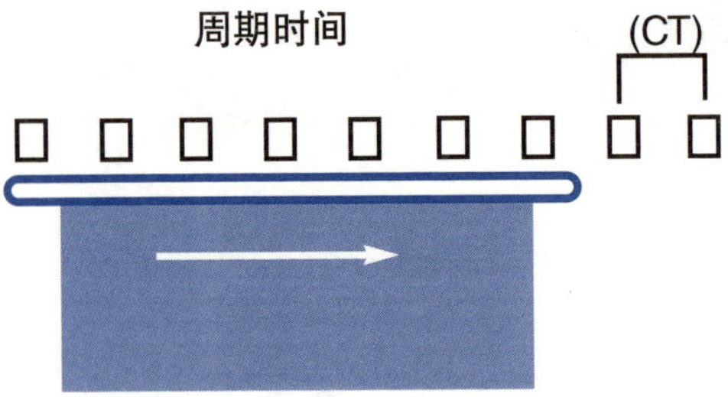

周期时间（CT）

指的是制造一件产品或一个工序需要的时间，通常由测量得出。周期时间也是操作员开始制造一件产品，到重复开始下一件产品所需要的时间。

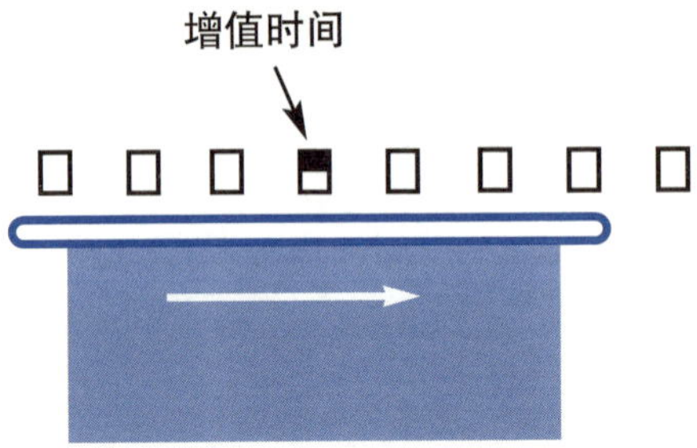

增值时间（VCT）

在生产过程中，能实际为客户增加价值的时间。

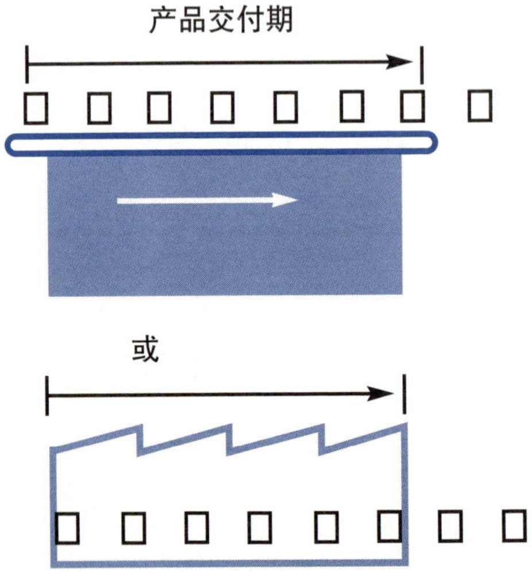

产品交付期（PLT）

制造一件产品从过程的开始至结束所需要的时间。测量一个作了标记的零件，从开始制造到结束的过程所需的时间。

通常：VCT < CT < PLT

周期时间—其他与时间相关的术语

Effective Machine Cycle Time（有效机器周期时间）

有效机器周期时间是机器周期时间（Machine Cycle Time）加上上下料的时间，再加上单个产品的平均换模时间的总和。例如，一台机器的周期时间为20秒，加上上下料所需的30秒，以及换模时间30秒除以最小批量零件数30，得到有效机器周期时间等于20秒+30秒+1秒=51秒。

Machine Cycle Time（机器周期时间）

完成一件产品过程中，操作员工作时间之外，机器生产的周期时间。

Non Value-Creating Time（非增值时间）

从客户的角度来看，那些增加制造成本与时间，但不增加产品价值的工作或动作。典型的例子包括库存、检查以及返工等。

Operator Cycle Time（操作员周期时间）

完成一件产品过程中，机器生产时间之外，操作员的周期时间。

Order Lead Time（订单交付期）

一般来说，订单交付期是产品生产交付周期加上产品运输到客户的时间。其中还包括处理订单延误、订单输入生产系统的时间，或由于订单超过产能而导致的等待时间等。简而言之，就是客户要为产品等待的总时间。

Order to Cash Time（订单到回收现金时间）

从接到客户订单到收回货款的时间。这个时间可能比订单交付时间长，也可能会短，主要取决于产品是按订单生产还是从库存装运，或者不同的支付方式等。

Processing Time（加工时间）

一件产品在设计、生产或订单处理等不同阶段的过程中花费的时间。通常情况下，加工时间只是产品交付时间的一小部分。

Production Lead Time（产品生产交付期，也称为 Throughput Time 生产时间，或 Total Product Cycle Time

产品生产总周期时间）

制造一件产品，从开始直至结束所需要的时间。在工厂里通常称为“门到门”的时间。同样的概念可以应用于产品从开始设计到结束的过程（产品开发交付期）；或是原材料经过一系列工序加工成产品的时间（原料到产品的交付期）。

Value-Creating Time（增值时间）

在生产的过程中实际为客户增加价值的工作时间。通常增值时间短于产品周期时间，而周期时间又短于产品交付时间。

参见：Value（价值）

Dashboard（计划与行动目视管理板，或仪表盘）

一个管理者使用的评估工具，包括将关键指标（下游、结果）以及相关策略或行动计划（上游、过程）呈现在一块管理板上（见下页插图）。计划与行动管理板能够帮助领导者检查各项计划的进展，并且实时反馈，采取实时的行动。

例图：计划与行动目视管理板　　* 具体案例可参考《精益战略部署》。——译者注

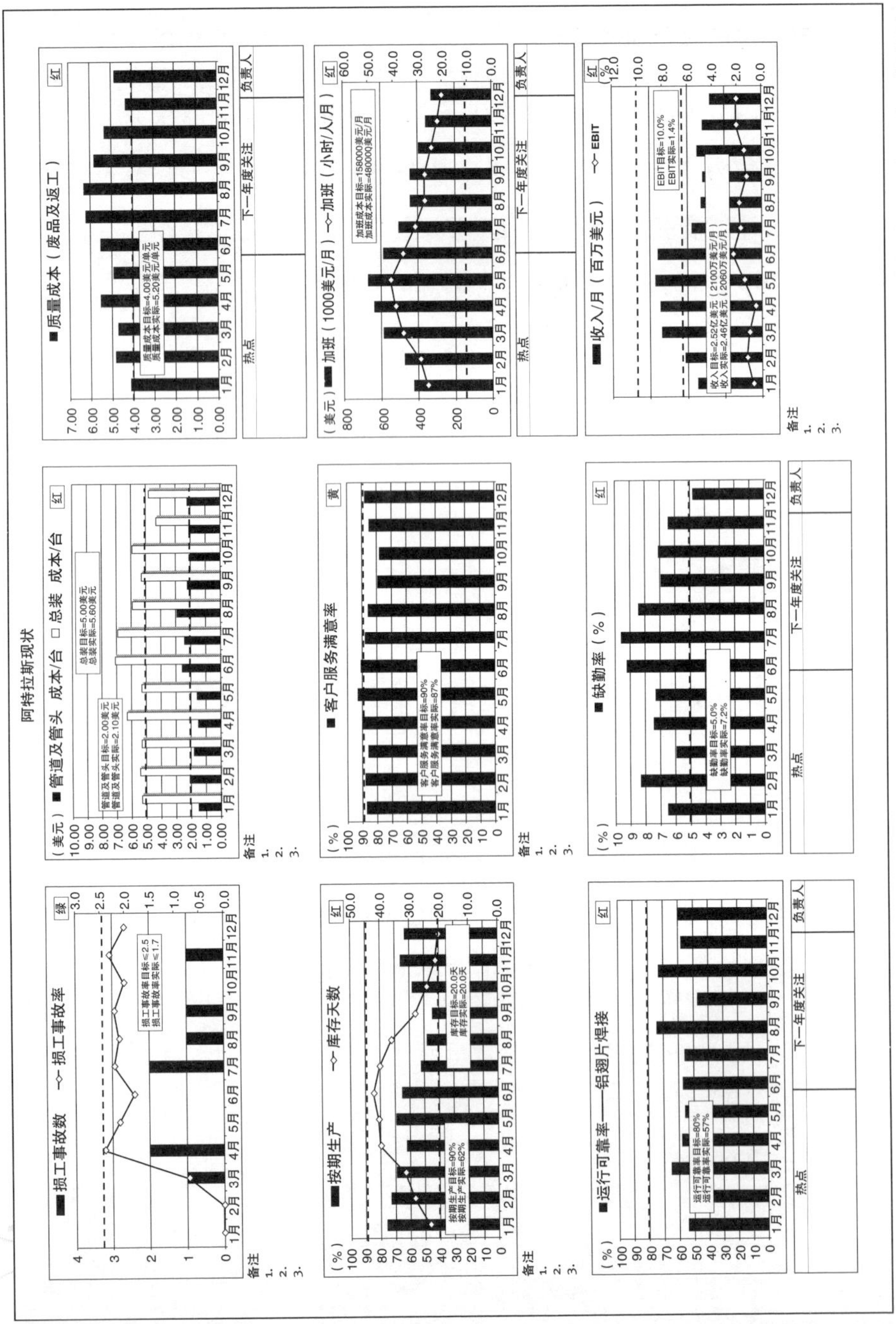

价值流图和计划与行动目视管理板是互补的工具。在 PDCA 循环中，价值流图指出流程中需要解决的关键问题，而计划与行动目视管理板在检查和行动过程中，为领导层指出重点问题。

参见：Plan，Do，Check，Act（PDCA）（计划、实施、检查、执行）；VSM（价值流图）

Demand Amplification（需求放大效应）

在涉及多层级供应商的制造过程中，上游供应商收到的需求数量，往往比下游制造单位的实际生产或销售数量来得多。这个现象，也称为 Forrester 效应（20 世纪 50 年代，MIT 的 Jay Forrester 首次用数学方法定义了这种现象的特征）或牛鞭效应（Bullwhip Effect）。

导致需求放大效应的两个主要因素是：（a）决策点订单改变；以及（b）等待订单处理或传递订单过程中的延误（例如等待每周一次的物料需求计划会议）。一般来说，延误时间越长，需求增幅就会越严重，因为大多数情况下制造数量基于预测（预测时间拖得越长，其数量就越不准确）。这时，订单被调整的可能性就会更高（系统会下意识地增加备用库存）。

精益实践者为了妥善地管理需求放大效应，采取均衡拉动生产方式，多频次小批量地在价值流的不同阶段中提取在制品。

下面的需求放大图反映了一个典型的例子，需求变化在价值流末端客户（Alpha）那里是适度的，每个月大约 ±3%。但是当订单经过 Beta 和 Gamma 向价值流上游移动的时候，开始变得相对不稳定。当 Gamma 的订单送到原材料供应商那里时，每个月的需求已扩大到 ±35%。

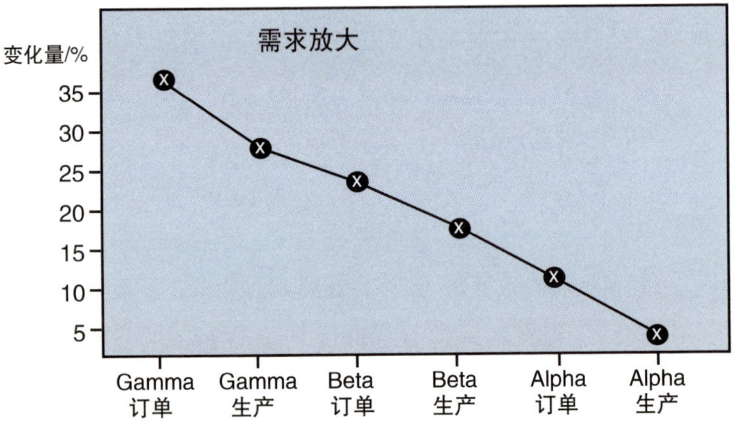

需求变化图表是一个非常好的目视化管理方法，可以帮助大家认识生产系统中需求放大的效应。如果能够完全消除需求

放大效应，那么整个价值流上每一点的订单变化都应该维持在±3%，从而真实地反映客户需求的变化。

参见：Build-to-Order（按订单生产）；Heijunka（均衡化）；Level Selling（均衡销售）

Design-In（共同设计）

代工厂与供应商合作设计产品及制造工艺。

典型的方法是代工厂提供成本与性能指标（有时称为一个"框架"），供应商按照要求，进行产品的详细工程和制造工艺设计（加工、布局、质量等）。供应商通常会派遣一名"常驻工程师"在代工厂的设计工程中心，以确保产品在整个系统中良好地运转，并努力地与团队合作以期将总成本降到最低。

参见：Resident Engineer（常驻工程师）

Downtime（停工时间）

计划停工或计划外的停工时间，会造成损失。

计划停工时间，包括预定的会议、换模，以及计划维护工作等所需要的时间。

非计划停工时间包括设备故障导致的中断、机器调整、材料短缺或者旷工所导致的停工时间。

参见：Overall Equipment Effectiveness（设备综合效率）；Total Productive Maintenance（全员生产维护）

Efficiency（效率）

用最少的资源，准确地完成客户的要求。

Apparent Efficiency（表面效率）与 True Efficiency（真实效率）

大野耐一用一个 10 人每天生产 100 件产品的例子，阐述了大家经常混淆的“表面效率”和“真实效率”。如果改善后每天产量达到 120 件，表面看起来效率有 20% 提高。如果市场需求也增加了 20%，这表示真实效率提高了；如果需求还维持在 100 件，那么提高真实效率的唯一途径就是以更少的投入，生产出相同数量的产品。比如用 8 个人每天生产 100 件产品。

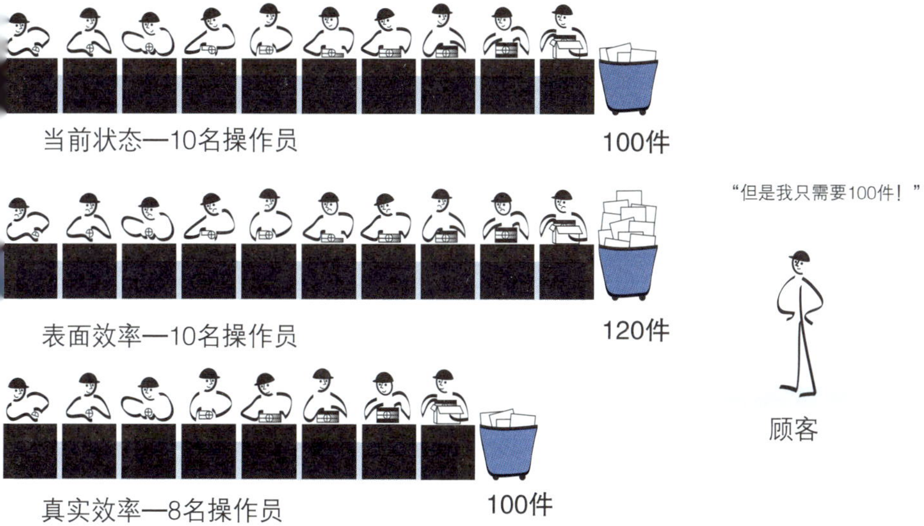

Total Efficiency（总效率）与 Local Efficiency（局部效率）

丰田公司通常把总效率（整个生产过程或是价值流）和局部效率（某个生产工序，或是价值流中的某一点，或某一个步骤的操作）区别开来。其往往更注重前者，而非后者。

参见：Overproduction（过量生产）；Seven Wastes（七种浪费）

Error-Proofing（防错）

防止操作员在工作中由于选错、遗漏，或是装反零件等操作，而造成质量缺陷的方法。又称为防错（Mistake-Proofing）、防错系统（日语词 Poka-yoke），或是防呆（Fool-Proofing/ 日语词 Baka-yoke）

常见的例子包括：

· 为产品设计特殊的物理形状，使操作员只能按正确的方向与位置装配，而不能从其他方向装配。

· 零件箱上方的光电控制设备，防止操作员在未取得正确零件的情况下，进行下一个工序。

· 一个较复杂的产品监测系统，使用光电控制设备，但增加了逻辑控制，以保证操作员在进行装配时，选用正确的零件组合。

参见：Inspection（检查）；Jidoka（自働化）

一种接触式防止错误的设备

Every Product Every Interval（EPEx）（每一产品被再度生产的周期，比如每天生产一次或两次）

同一个生产流程或系统中，每一产品被再度生产的周期。

如果一台设备每 3 天才能按照次序制造各种不同型号的产品，那么制造不同产品的频率 EPEx 就是 3 天。一般而言，EPEx 越小越好。这样就可以按照小批量生产不同型号产品，从而把库存量降到最低。然而，一台设备的换型频率取决于换模时间，以及零件种类的多少。用一台换模时间长的设备来生产多样产品，就不可避免地会发生较大的 EPEx，除非能够缩短换模时间，或是减少零件的种类数目。

参见：Heijunka（均衡化）

Fill-Up System（补货系统）

在一个拉动生产系统中，上游工序只生产下游工序“需要”的产品。产品被取走时，立即启动生产程序，以补充被提取的产品。

参见：Kanban（看板）；Pull Production（拉动系统）；Supermarket（超市）

First In, First Out (FIFO)（先进先出）

一种维持制造和运输顺序的管理库存方法，先进入的物料会被优先使用。这保证了库存的物料不会过期，同时任何质量问题也不会被库存掩盖。先进先出是实施拉动系统的一个必要条件。

实施先进先出的最好方法是使用一个可容纳固定数量产品

的通道或料槽。物料供应可以从通道或料槽的入口处开始，而下游工序则从通道或料槽的出口取货。如果通道或料槽已经排满，那么供应就必须停止，直到下游工序开始使用通道或料槽中的库存。即使是两个未被连续流动或超市联结的供需工序，先进先出也是一种防止上游工序过量制造的方法。

在产品很特殊而专用，或是“上架寿命”很短，或者非常昂贵，需求又不稳定的情况下，两个分离工序之间不适合设置超市时，先进先出是一个有效的拉动系统。从先进先出取走一个零件，就会自动引发上游工序去生产一个产品来补充。

参见：Kanban（看板）；Pull System（拉动系统）；Supermarket（超市）

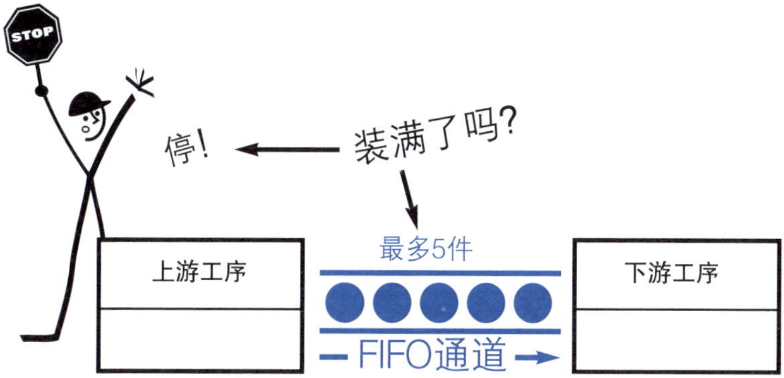

5 S

五个在日语中都以“S”开头的相关术语，用来描述精益生产的现场操作。在日语里这五个术语是：

1．整理（Seiri）：挑选出需要的工具、零件、物料，或文件，将那些不需要的物品丢弃；

2．整顿（Seiton）：整洁地布置工作区域，把物品放到适当的位置上；

3．清扫（Seiso）：打扫与清洗，点检；

4．清洁（Seiketsu）：常规性地执行前三个“S”，形成标准化，因而获得清洁；

5．素养（Shitsuke）：执行前四个“S”的纪律，形成文化。

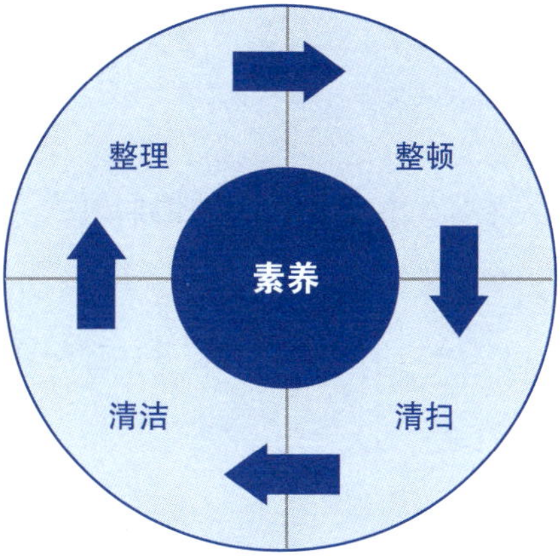

在英文中5S通常被译为分类、清理、清洁、标准以及持续。一些精益实践者另外添加了安全，在车间和办公室里建立并实施安全流程，作为第6个“S”。但是丰田公司传统上只提前4个“S”：

1. 整理（Seiri）：整理工作区域，清除不需要的物品；

2. 整顿（Seiton）：按照整齐、便于使用的原则，布置物品；

3. 清扫（Seiso）：清扫干净工作区域、设备以及工具，并进行点检；

4. 清洁（Seiketsu）：严格执行前三个“S”，形成标准化，维持全面清洁和秩序。

丰田公司不提第5个“S”，因为他们每天、每周、每月都在审核标准化操作系统。无论是使用4S、5S，还是6S，关键在于整个企业所有员工全面执行，而不只是临时或仅是一个个孤立的区域性项目。

参见：Standardized Work（标准化操作）

Five Whys（5个“为什么”）

当遇到问题的时候，不断提出“为什么”，目的在于发现隐藏在表象下的问题根源。

大野耐一曾举过这样一个关于机器故障的例子：

1. 为什么机器停止工作？

机器超负荷运转导致保险丝烧断了。

2. 为什么机器会超负荷运转？

没有对轴承进行充分的润滑。

3. 为什么没有对轴承给予充分的润滑？

油泵没有送出足够量的润滑油。

4. 为什么泵送不足？

油泵的转轴过于陈旧，发出了“咔嗒咔嗒”的响声。

5. 为什么转轴会破旧受损？

由于没有安装附加滤网，导致金属碎屑进入油泵。

如果没有反复追问“为什么”，操作员可能只会简单地更换保险丝或者油泵，而机器失效的情况会再次发生。“5”个问题并不是关键所在，可以是 4，也可以是 6、7、8……关键是要不断地追问，直到发现问题的根源。

参见：Kaizen（改善）；Plan，Do, Check, Act（PDCA）（计划、实施、检查、行动）

Fixed-Position Stop System（固定位置停止系统）

在装配线上各工序作业周期结束的地方设定“固定位置”。作业中一旦发现问题，且在周期时间内作业者到达该固定位置前无法处理完毕时，就必须停止生产线解决问题。

当操作员发现诸如零件、设备、物料供应、安全等方面的问题之后，会拉信号灯寻求协助。班组长评估问题后，发现问题可以在生产周期内解决，就会关闭信号灯，并快速地帮助解决问题，让生产线继续运转；如果问题复杂，不能在生产周期内解决，那么在生产周期完成后，自动停线来解决问题。

丰田公司率先创立这套固定位置停止系统，其目的在于解决三个问题：（1）如果可能导致整条生产线停止，生产现场作业员通常不太情愿拉动信号灯绳；（2）在生产周期内，处理可以解决的小问题，避免不必要的生产中断；（3）在生产周期结束后，而不是在生产周期中停止生产线运转，可避免紊乱作业节奏与重新启动生产线可能引发的质量或安全问题。

固定位置停止系统其实也是一种在人工流动装配线上实施自働化（Jidoka），或者内建质量（building in quality）的表现。

参见：Andon（按灯或称信号灯）；Automatic Line Stop（自动停止生产线）；Jidoka（自働化）

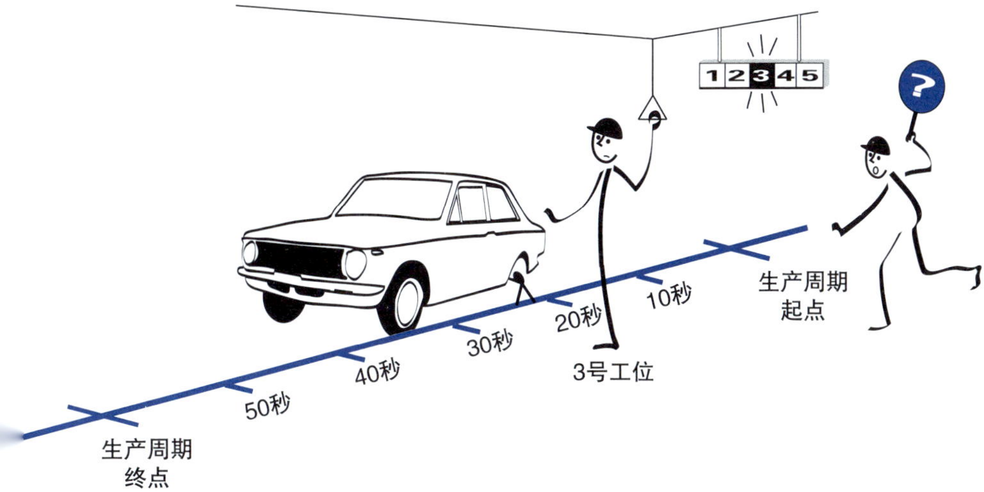

固定位置停止系统

Flow Production（流动生产）

亨利·福特（Henry Ford）于 1913 年在密歇根州的海兰（Highland）公园工厂建立的一种制造系统。

流动生产系统的目的是通过一系列的创新，减少时间以及人力投入。这些创新包括：（1）通用零件，使生产线上的每个工序能在稳定的周期时间内完成；（2）根据加工顺序布局机器，使产品能够迅速、平稳地由一台机器“流动”到下一台机器；（3）生产管理系统，使零件生产速率与装配线上零件的消耗速率相符合。

参见：Continuous Flow（连续流）

对比：Mass Production（大批量生产）

Four Ms（四个 M）

制造系统可以调控 4 个 M 的参数，来为客户创造价值。前 3 个 M（人，机，料）代表资源，第 4 个 M 指的是方法。

在精益系统中，这 4 个 M 代表：

1. 物料（Material）——无缺陷或短缺

2. 机器（Machine）——无损坏、缺陷或是计划外的停机

3. 人（Man）——良好的工作习惯，必要的技能，准时，无旷工

4. 方法（Method）——标准化流程，维护系统，以及管理系统。

Fulfillment Stream（精益供需流）

一个能够将精益原则具体化，而且平顺流动的供应链。

精益供需流旨在消除供应商和代工厂之间浪费以缩短交付期。通过严格管控的流程，缩减库存，保证质量，以充分满足客户需求。所有活动采用拉动形式，目标是以最低成本为客户提供最大价值。

Future-State Map（未来状态图）

参见：VSM（价值流图）

Gemba（现场）

日语“现场”（Actual Place）的意思，通常用于工厂车间，或其他创造价值的地方。

这个术语强调改善必须到问题发生的地方观察，掌握事实与数据后，制订改善计划。在办公室里制订的改善计划往往不符合实际情况，因此效果不明显。

Gemba Walk（现场观察）

一种在采取行动前，通过直接观察获取现状的管理实践。

Gemba 在日语中是“现场”（Actual Place）的意思，精益实践者用它表示创造价值的地方。日本企业经常用相关术语“现地现物（Genchi Genbutsu）”来对 Gemba 作补充，用来强调现场的重要性。

根据现场观察权威专家、精益研究院创始人沃麦克博士所言，价值流从公司到客户横向流动。因此，有效的现场观察方式是从产品族价值流的成品端开始，倒着走现场，回溯观察各工序、部门或职能，直至起点原材料。

他建议邀请流程的相关人士一起到现场观察交流，讨论目的（这个流程为客户解决什么问题）、流程（这个流程实际是如何运作的），以及人员（他们是否已经加入到创新、维护和提升流程的团队中）。

Genchi Genbutsu（现地现物）

日文直译是“实际的地点，实际的物品”，意思就是到现场观察。

丰田公司非常注重到问题发生的现场观察，以实际的信息与数据作为了解现状的必要条件。

举例来说，任何一位高层领导在考察问题的时候，必须到现场观察，并且与负责的员工交流，收集信息与数据，以全面了解问题。这个规定不仅针对高层领导，同时也要求所有经理遵守。

Greenfield（新建工厂）

一家新设计的工厂，不再沿袭一些妨碍进步的布局，或不合乎要求的习惯和文化，从一开始就可以采用精益方法布置生产流程。

比较：Brownfield（现有的生产工厂）

Group Leader（组长）

在丰田公司里，组长是第一线的管理层。一般来说，组长领导大约 20 名一线员工，分 4 个班，一班 5 个人。

组长的职责包括执行生产计划、通报结果、协调改善活动、安排员工休假日期以维持固定需要的人力资源、提高员工技能、认证流程改善的结果、执行每天对班长的检查（以确保他们对员工都作了标准作业的检查）等。组长每周还会执行一次管辖区域的 5S 检查。

参见：5S；Team Leader（班长）

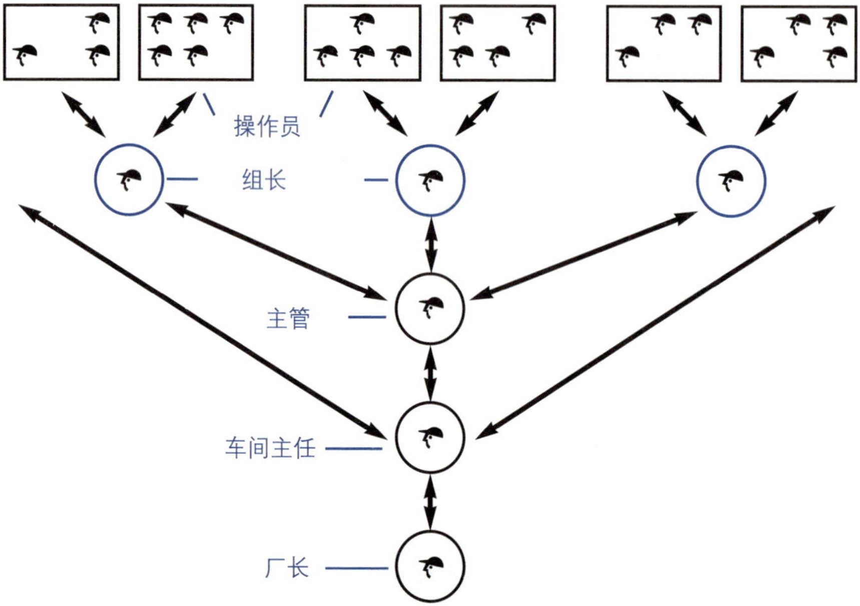

通常的组织管理架构中组长的层级位置

Hansei（反省）

这是一种针对工作流程以及个人缺点持续回顾检讨，并进行改善的做事做人的方法。日文代表自我反省的意思。

在丰田公司里，反省会议一般会安排在项目的关键审批点或是项目终结时。目的是找出问题，设计应对方案，并将结果分享给其他团队成员，以期日后不再重犯错误。因此，反思、改善与调整标准作业是一个组织里非常重要的学习主题。这与PDCA 循环中的检查相类似。

参见：Kaizen（改善）；Plan，Do, Check, Act（PDCA）（计划、实施、检查、行动）；Standardized Work（标准化作业）；TPS（丰田生产系统）

Heijunka（均衡化）

在固定的生产周期内平衡产品的类型与数量。这样可以有效地满足客户需求，优化价值流的库存、投资、人力资源以及产品交付期，并且避免大量生产。

举例说明“按照产品数量来均衡产能”：假设一家制造商每

周都收到500件产品的订单，但是每天收到的订单的产品数量却有明显的差别：周一要运送200件，周二100件，周三50件，周四100件，周五再运送50件。为了均衡产能，制造商可能会每天生产100件产品，并在价值流的终点备少量成品库存，以满足客户需求。这种做法能有效地利用整条价值流的资源。

举例说明“按照产品类型来均衡产能”：假设一家衬衫公司为客户提供A、B、C、D四种样式的衬衫。客户每周对这些衬衫的需求量为5件A型、3件B型以及2件C型和D型（见图示）。对于追求规模经济性，希望尽可能减少换模的大批量制造商而言，其很可能按照AAAAABBBCCDD的生产次序来生产衬衫。然而，一家精益制造商则会考虑AABCDAABCDAB的次序，并通过改善去缩短换模时间，根据客户订单的变化，周期性地调整生产次序。

参见：Demand Amplification（需求放大效应）；EPEx（每一产品被再度生产的周期）；JIT（及时生产）；Muda，Mura，Muri（浪费、不均衡、超负荷）；SMED（快速换模）

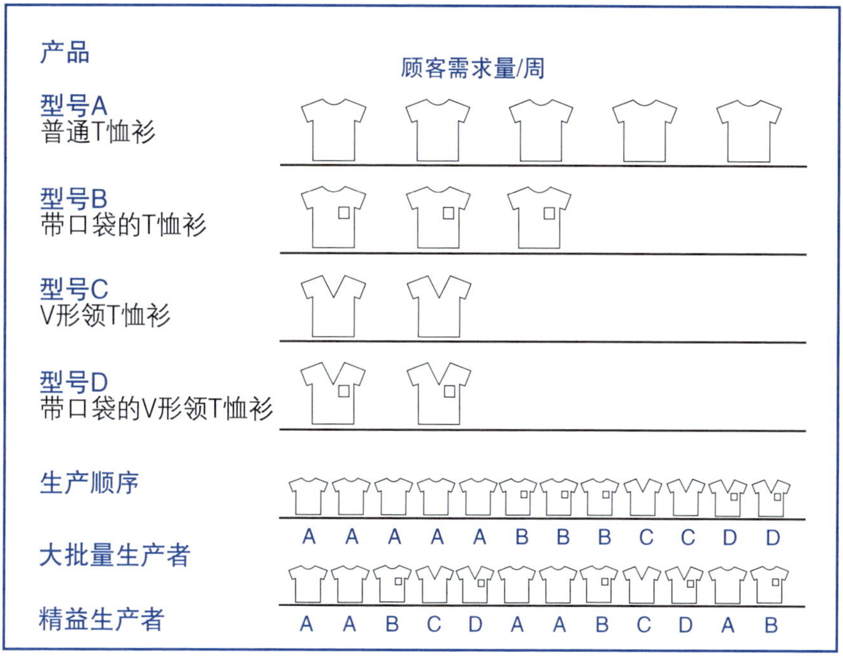

产品类型均衡化

Heijunka Box（生产均衡柜）

在固定时间间隔里，利用看板来均衡产品的型号和数量的一个工具，称为生产均衡柜。

图示为一个典型的生产均衡柜，其中横行代表一个产品型号，竖列代表提取看板的时间间隔。每天从早上7:00开始上班，每 20 分钟材料搬运员从柜中取出看板，并把它们送到不同的生产工序。

由于看板槽固定了材料和信息流动的时间段，因此看板槽内的每张看板代表生产一种型号产品的单位制造时间（单位制造时间 Pitch ＝节拍时间 × 包装单位数量）。例如产品 A 的单位制造时间为 20 分钟，那么每个时间间隔的看板槽里就放一张看板；产品 B 的单位制造时间为 10 分钟，那么每个看板槽里就各放两张看板；产品 C 的单位制造时间为 40 分钟，因此每隔一个看板槽放置一张看板。产品 D 和 E 共用一个生产工序，并且产品 D 与产品 E 的需求比例为 2∶1，因此把产品 D 的两张看板分别放在前两个间隔里，而在第三个间隔里放入产品 E 的一张看板，以此循环下去。

由上文介绍的方法可以看出，生产均衡柜是一个工具，能够实现在固定时间内，用看板拉动多种产品的混合生产。例如，确保在半小时内，以一个稳定的比例来制造小批量的产品 D 和 E。

参见：EPEx（每一产品被再度生产的周期）；Heijunka（均衡化）；Kanban（看板）；Material Handling（物料搬运）；Paced Withdrawal（有节奏的提取）；Pitch（单位制造时间）

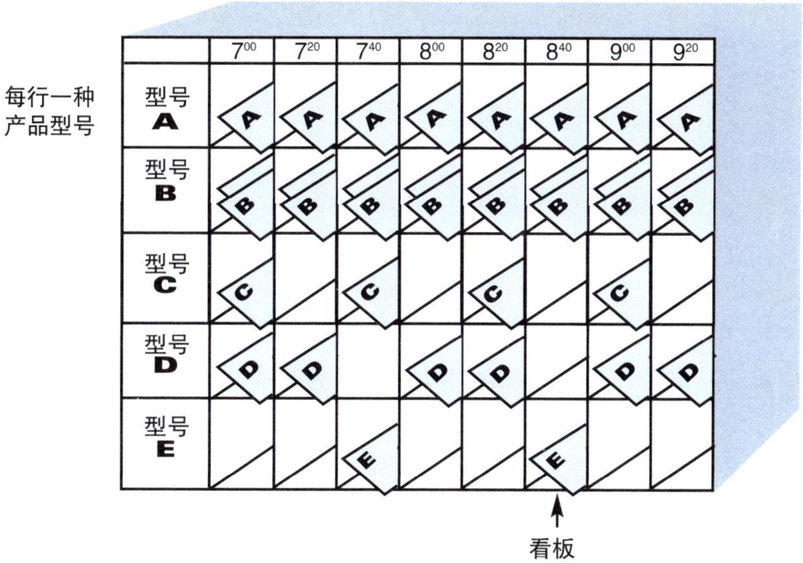

均衡生产柜

Hoshin Kanri（方针管理）

参见：Policy Deployment（方针展开）

Huddles（团队碰头会）

团队成员在项目管理板前定期碰头，回顾价值流的运行情况，以及改善计划的执行状况。

会中讨论哪些指标没有达成，由哪个人去负责找出问题，制定对策，并且进行试验。碰头会议一般时间都很短，大都是站在目视化管理板前进行。

精益医院的碰头会往往是为一个项目、工作班次，或者照应某些病患的团队进行沟通所设立。碰头会也可以是医院或部门每天晨会后，负责人员分享信息，制作紧急情况的变更计划，提出顾虑，协调部门间的冲突，以及分配资源等。这种小组碰头会一般来说不超过 30 分钟，有助于小组之间的沟通，并且提升应变能力。

参见：Value Stream（价值流）

Ideal-State Map（理想状态图）

参见：VSM（价值流图）

Information Flow（信息流）

传递客户需求的信息到不同制造部门，再进一步送到各个生产工位的流程。

大批量制造的公司的信息流通常采取平行流动的形式：预测信息从一家公司传递到另一家公司、从一家工厂到另一家工厂；生产计划从公司到公司、从工厂到工厂；每日（或每周、每小时）的送货单通知工厂下一次装运什么。当公司收到客户要求变更数量的时候，不得不取消原计划以及装运订单，并立即调整生产系统，以适应客户需求的变化。

精益制造公司则尝试通过一个简单的计划点（Scheduling Point），以及信息拉动环来简化信息流。这些信息流动到前一个生产工序，再从那个点向上游流动，一直到最原始的生产点。

下图说明了大规模生产和精益生产两种不同的信息流。精益制造商仍然提供预测数据给距离遥远的供应商，以便准备生产计划，安排劳动力，计算节拍时间，调整季节性变化，以及引进新模具等。每日生产信息则依据生产进度及运输单等信息，转换为简单的拉动环。

参见：VSM（价值流图）

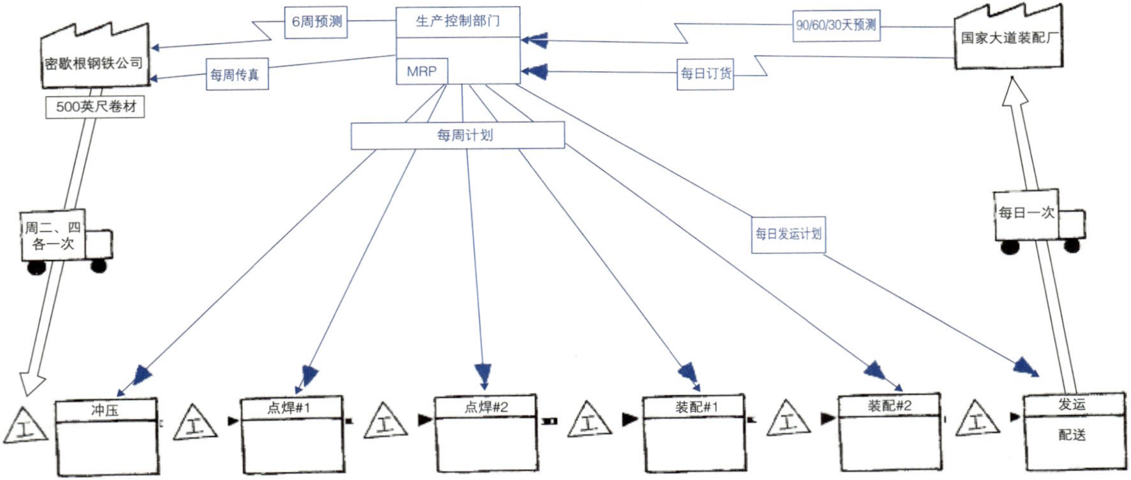

* 本页图片相关案例参见《学习观察》第二章。——译者注

大批量生产中的当前状态信息流

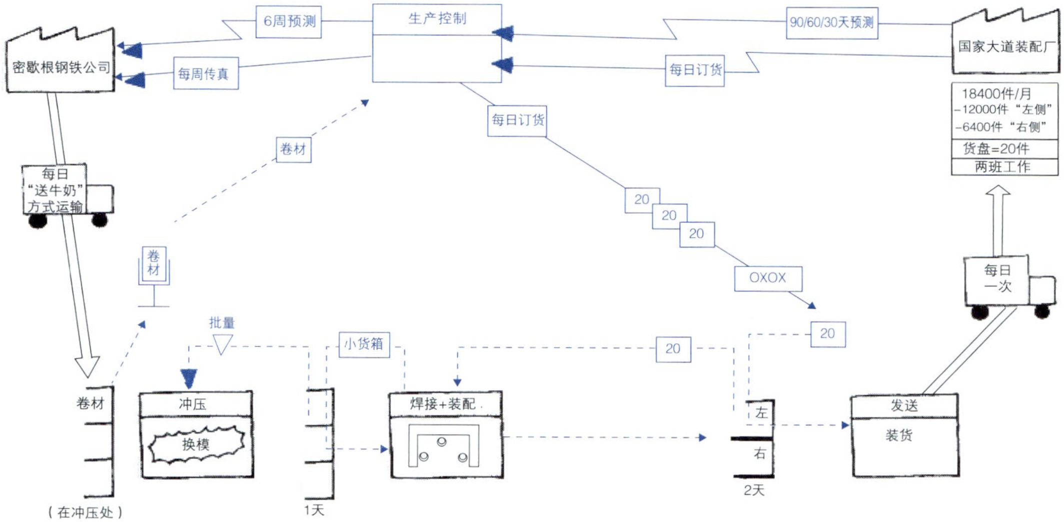

*本页图片相关案例参见《学习观察》第四章。——译者注

精益生产中的未来状态信息流

Inspection（检查）

在大批量生产体系里，检查是由专业检验员在生产工序外的专用检查工序检查产品质量。

精益制造商在生产工序中使用防错设施，并把质量保证的任务指定给操作员，以便在发生源发现问题，而不是让不良品流入后续工序去检查与修正。有时甚至停止生产以确定原因，并采取纠正措施。

参见：Error Profing（防错）；Jidoka（自働化）

Inventory（库存）

顺着价值流，出现在生产过程中的各种材料和中间产品以及信息。

库存通常按照其在价值流中所处的位置及用途来进行分类。原材料库存、在制品库存和成品库存都是用来描述库存位置的术语。而缓冲库存、安全库存以及装运库存则是用来描述库存用途的术语。库存可能发生在价值流中的某一个位置，或某一种用途。因此，“成品库存”和“缓冲库存”极可能指的是同样的库存。类似地，“原材料库存”和“安全库存”也有可能相同。

为了避免混淆，仔细地定义每一类库存十分重要。

Buffer Stock（缓冲库存）

存放在价值流下游工序的库存产品。当客户需求在短期内突然增加，超过了生产能力时，通常用缓冲库存来避免出现断货的问题。

由于“缓冲库存”与“安全库存”常常被交互使用，因此这也常常引起混淆。这两者之间最重要的差别是：客户需求突然出现变化时，缓冲库存能够有效地保护客户不断货；安全库存则是用来防止上游工序或供应商出现产能不足的情况。

Finished Goods（成品库存）

已经加工完毕，等待装运的产品。

Raw Materials（原材料库存）

工厂里还没有加工的材料。

Safety Stock（安全库存）

在任何工位上存放的货物（原材料、在制品或成品），用来预防因为上游工序产能不足导致的缺货、断货问题。通常也称为紧急库存。

Shipping Stock（装运库存）

在价值流末端的库房里，准备好可以随时出货的产品（这些库存通常是装运批量的一部分）。

Work-in-Process (WIP)（在制品库存）

工厂内各个工序之间的半成品。在精益系统里，标准在制品数量是指能够保证价值流在生产单元内，平稳流动所需要的最少数量。

参见：Standard Inventory（标准库存）

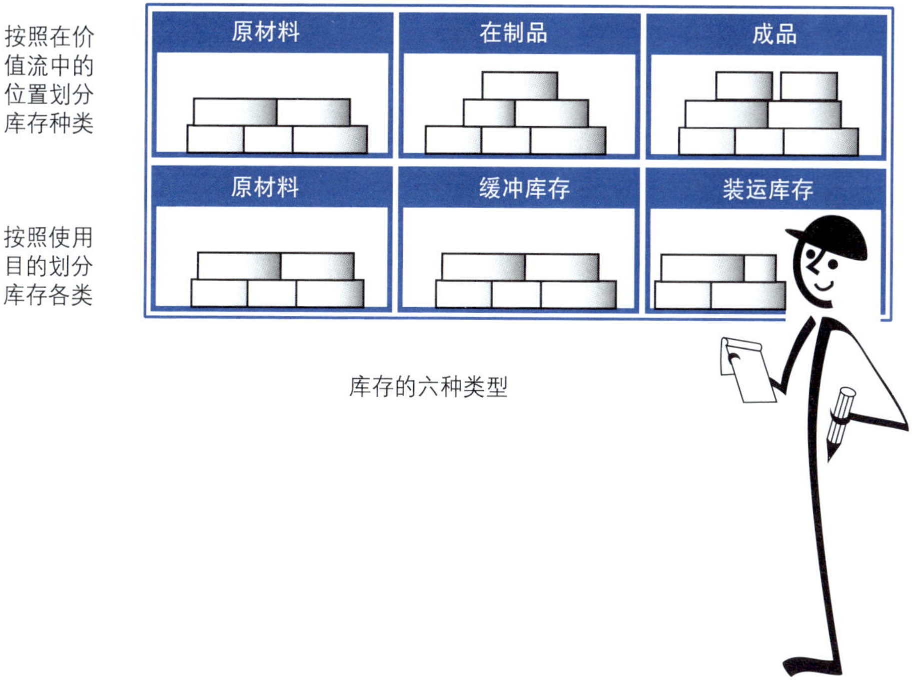

库存的六种类型

Inventory Turns（库存周转率或库存周转次数）

用来衡量物料在工厂里或是整条价值流中的流动速度的值。

最常见的计算库存周转率（次数）的方法就是把年度销售产品成本（不计销售开支以及管理成本）作为分子，除以年度平均库存价值。因此：

库存周转率（次数）＝年度销售产品成本 / 当年平均库存价值

使用销售产品成本而不用销售总额，是为了消除因市场价格波动所带来的影响。使用年度平均库存而不用年底库存，是为了消除年终为业绩而人为地减少库存的因素。

我们可以为任何一个价值流中的物料计算库存周转率（次数）。但是，在进行比较的时候请注意：周转率（次数）往往会随着价值流长短而改变。例如，一家负责装配的工厂库存周转次数可以达到 100 甚至更高。但是如果加上供应商的话，周转次数就会减少到 12 或者更少；如果再将原材料供应商也加上的话，周转次数可能就会减少到 4，或者更少。这是因为下游工序的销售产品成本基本保持不变，当越来越多的上游工厂加入计算的时候，平均库存的价值就不断增高了。

如果我们将年度库存周转次数随时间的变化趋势绘出图，就可以有效地呈现出企业精益转型的成绩。使用年度平均库存来计算周转率（次数）是一个正确的统计参数。

参见：Inventory（库存）

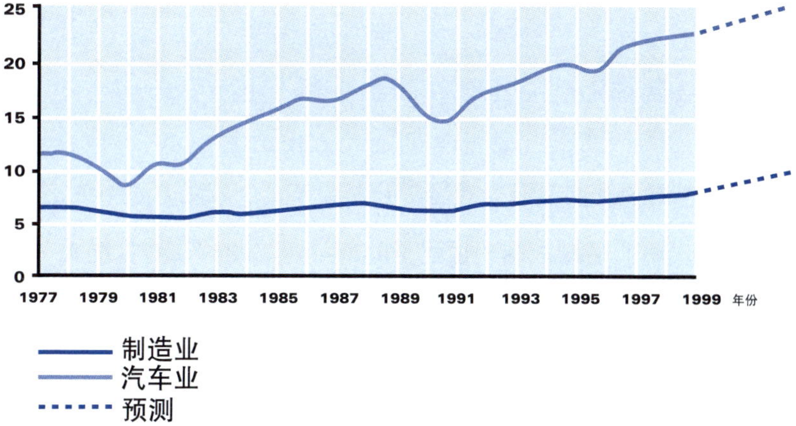

美国经济的库存周转率

注：所有制造业，除去批发和零售的成品。汽车业，除去零售的成品。

注意：美国政府不采用销售产品成本而用总销售额。因此，库存周转率（次数）是按照总年度销售额，除以当年平均库存来计算的。

来源：参见 www.lean.org/community

Isolated Islands（孤岛作业）

一种低效的制造工厂布局造成员工们无法相互帮忙，在流程中变成一个个孤岛。这个名词也可以使用在生产单元或装配线以外的作业方式，每个工序都按照各自的节拍单独作业，而不是按照客户的实际需求作业。类似的孤岛作业可能造成大量浪费，比如过量库存。

Jidoka（自働化）

让机器和操作员具有发现异常并立即停止生产能力的体系。它使各工序将质量融入制造过程（Build-in Quality），并且把人和机器分开，以利于提高效率。Jidoka 与 Just-in-Time 是丰田生产系统的两大支柱。

自働化突显出问题的根源，因为当问题一出现的时候，工作就立即停止下来。通过消除缺陷的根源，来帮助改进质量（Build-in Quality）。

自働化有时也称为智能控制（Autonomation），意思是具备人工智能的自动控制。它为生产设备提供了不需要操作员就能区分产品好与坏的能力。操作员不必持续不断地查看机器与产品，因此可以操作多台机器，实现了所谓的“一人多机”，从而大大提高了生产效率。

自働化这个概念源于 20 世纪初丰田集团创始人丰田佐吉的创新。他发明的织布机能够在一根纺线断了之后，立刻停机。

而在这个发明之前，织布机会在线断后继续工作，从而织出有缺陷的织品，因此每台机器都需要配一名工人看管。丰田佐吉的创新使一名工人可以控制多台机器。在日语里，自働化是一个由丰田佐吉创造的词，发音与日语词汇“自动化”几乎完全相同（汉字写法也几乎相同，只差了个人字旁），但是增加了人性化和创造价值的内在含义。

参见：Andon（按灯或称信号灯）；Error-Proofing（防错）；Fixed-Position Stop System（固定位置停止系统）；Inspection（检查）；JIT（及时生产）；Multi-Process Handling（多工序操作）；TPS（丰田生产系统）；Visual Management（目视化管理）

实现自働化的转变过程

Jishuken（自主研）

一种动手做，从做中学的研修会。日语是“自主研修”的意思。

自主研的时间长度可以从一周到几个月。丰田运营管理咨询部门开发出这套培训及提升员工丰田生产系统（TPS）技能的课程，主要应用在供应商的运营改善项目，一般为时 3~4 个月。丰田以外的公司大多采取为期 5 天的改善周活动。不论时间长短，目的都是“从做中学”，实际改善一个部门或一家企业的运营状态。

参见：Kaizen Workshop（改善研修会）；TPS（丰田生产系统）

Just-in-Time (JIT)（及时生产）

一种只在需要的时候才制造和运输所需数量产品的生产系统；及时生产与自働化是丰田生产系统的两大支柱。及时生产以生产均衡化为基础，由三个运作要素组成：拉动系统、节拍时间和连续流。及时生产的目标在于全面消除各种浪费，尽可能地实现高质量、低成本、低资源消耗，以及最短的生产和运输交付时间。尽管及时生产的原则很简单，却需要有钢铁般的纪律才能见效。

及时生产理念的提出要归功于20世纪30年代丰田汽车公司的创始人丰田喜一郎先生。1949—1950年，丰田公司总工大野耐一帮助迈出了JIT的第一步。

参见：Continuous Flow（连续流）；Heijunka（均衡化）；Jidoka（自働化）；Pull Production（拉动生产）；Takt Time（节拍时间）；TPS（丰田生产系统）

Kaikaku（改革）

对价值流进行彻底的、革命性的改进，从而减少浪费，创造更多的价值。

改革的一个例子是利用周末改变设备的位置，使工人能够在一个生产单元里以单件流的方式制造和装配产品。另外一个改革的例子是商用飞机，由静态组装转化为动态流水线装配方式。因此，改革也被称为“突破性改善（breakthrough kaizen）”，以便与那些渐进性、逐步性的改善形成对比。

参见：Kaizen（改善）；Plan，Do，Check，Act（PDCA）（计

划、实施、检查、行动）

Kaizen（改善）

价值流经过持续改善，实现以最小的浪费创造更大的价值。改善分为两个层级：

1. 整个系统或整条价值流的改善，由管理层负责推动实施。

2. 单个工序的改善，由工作团队与组织负责实施。

价值流图是一个工具，用来发现整条价值流中何处应该实施流动，并且持续改善。

参见：Kaikaku（改革）；Plan，Do，Check，Act（PDCA）（计划、实施、检查、行动）；Process Village（工艺专业化布局车间）；VSM（价值流图）

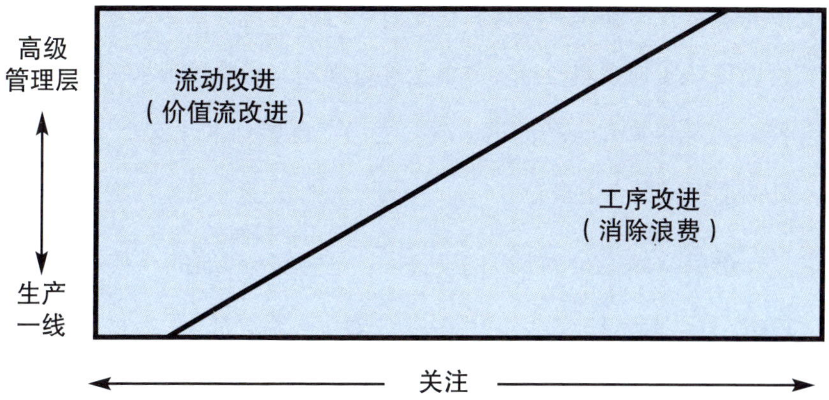

改进的两个层次

Kaizen Promotion Office（改善推进办公室）

参见：Lean Promotion Office（精益推进办公室）

Kaizen Workshop（改善研修会）

一个团队改善活动通常持续 5 天。

一个常见的例子是在一周内创造一个连续流工作单元。为了实现这个目标，改善团队包括专家、顾问、操作员，以及生产线经理，一起进行价值流分析、实施、测试，并且在新建的单元里实现标准化。参与者首先要学习连续流的基本原理，然后去现场实地观察，对生产单元进行规划。接着按计划搬运机器，并对新单元进行测试。改善之后，还要标准化这个工序，并向上级提交小组报告。

参见：Gemba（现场）；Jishuken（自主研）；Kaizen（改善）；Plan，Do，Check，Act（PDCA）（计划、实施、检查、行动）

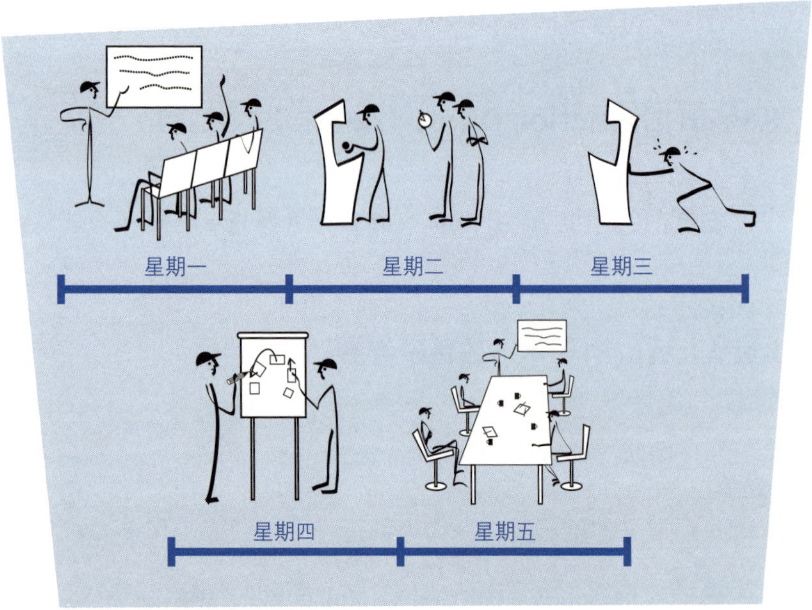

一个为期 5 天的改善研习会

Kakushin（革新）

参见：Kaikaku（改革）

Kamishibai Board（业务管理板）

一个在现场检查绩效的目视化管理板，让管理层能迅速、清楚地看到异常状态。

这个目视板强调精益管理的现地现物原则，到现场去观察发生了什么事。因此，在板上规划了管理层到现场去观察的时间、检查内容，是管理层的一个重要标准作业。板上的信息可以显示管理层的检查是否按时进行、检查的结果、有关异常状态，以及对策的记录等。其主要目的是针对异常，立即采取纠正行动。

板上的三角符号代表异常已经被发现并处理中；× 号代表需要改正行动；圆圈代表正确的质量和产品数量，或者操作按照标准作业进行。空白格代表没有任何行动或跟踪。

参见：Gemba（现场）；Genchi Gembutsu（现地现物）；Plan，Do，Check，Act（PDCA）（计划、实施、检查、行动）

Kanban（看板）

看板是拉动系统中的一个信号工具，用来启动生产，或提取（搬运）在制品。这个术语在日语中是“信号”或“信号板”的意思。

看板卡片是大家最熟悉的例子。人们通常使用长方形的纸卡看板，有时还会用透明的塑料封套加以保护。看板上的信息包括：零件名称、零件号、外部供应商或内部供应工序、单位包装数量、存放地点，以及使用工作站位置。卡片上可能还会有条形码便于跟踪和计价。

除了卡片之外，看板也可以采用三角形金属板、彩球或电子信号等装置。无论采用什么形式，都必须确保在传达需求信息时不会作出错误的指示。

不管什么形式的看板，在生产运作中都有两个功能：指示工序生产；指示物流员去搬运产品。前一种称为生产看板（或制造看板），后一种称为取货看板（或提取看板）。

生产看板把下游工序所需要的产品类型和数量告诉上游工序。最简单的情况是一张生产看板对应“一箱零件”，而上游工序将根据生产看板为在下游工序前的超市生产。在大批量生产的情况下，以一个冲压设备为例，其周期时间短而换模时间长。当用到最小库存量处的容器时，信号看板（Signal Kanban）即被用来启动生产。信号看板的外形是三角形的，因此也被称为三角看板。

在精益生产中，三角看板虽是安排批量生产工序的标准方法，但它仅是其中的一种信号看板。其他控制批量生产的方法包括模块生产与批量形成。

模块生产（Pattern Production）重复地使用固定生产顺序或模块。但每次生产的数量则视客户的实际提取而定，并不一定相同。举例来说，在一个 8 小时的生产过程中，以最容易换模的顺序为前提，产品型号总是重复从 A 到 F 的顺序。

中央超市的库存量则视模块生产的补充周期而定；如果一天补充一次，则必须在中央超市保存一天库存；如果是一周补充一次，则需要保存一周库存。模块生产的缺点是固定的生产顺序，不能随便更改 D 和 F 产品的生产顺序。

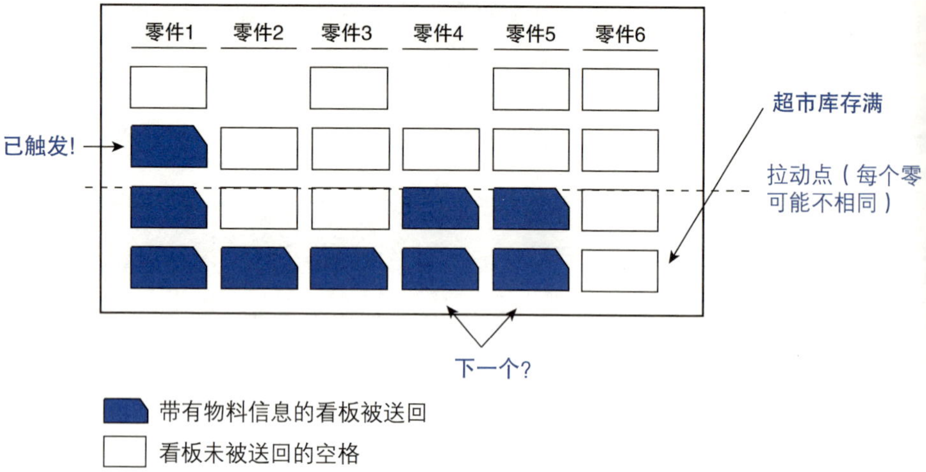

批量形成管理板

批量形成管理板（Lot-making Board）用来管理系统里对应每个容器的看板（见上图）。当物料在中央超市被消耗后，放置在货箱上的看板被取下，并送回生产工序，置放在批量形成管理板上。板上端横轴记有所有产品型号，并以相对应的空格标示系统里各型号的看板张数。(参考资料:《均衡生产》第 121 页批量信号看板)

当看板被送回生产车间后，会被挂在管理板对应的空格上，表示库存已经被消耗；没有回来的看板代表超市里还有库存。当累积的看板张数达到一个先前设定的数量时（批量形成了），操作员就知道要启动生产，以补充超市中被消耗的物料。

比起信号看板，采取批量形成管理板方式可以让超市被消耗的信息更频繁，且短周期地回到生产工序，以告知消耗了什么。同时，批量形成管理板不仅提供了目视化库存消耗状况，还能凸现中央超市可能发生的紧急问题。但比起三角看板，它需要许多张看板，并须保证迅速与准确的回收原则，才能确保批量形成管理板的正确性。很重要的一点是，负责生产计划以及制造的领班必须严格遵守不提前生产的纪律。

提取看板指示把产品运输到下一个工序。通常也有两种形式：内部或工序之间使用的看板（从组织内部提取货品），以及供应商看板（从外部供应商提取）。早期丰田的工厂都在市区里，相同的看板可以覆盖以上两种用途。然而，当精益生产拓广之后，对那些远距离的供应商，开始采用电子看板形式的供应商看板。

生产看板与提取看板必须同时使用，才能形成一个拉动系统。当下游工序的操作工提取货箱里的第一个产品时，须同时取出提取看板，将其放置在附近的提取看板回收点，物流员会定期地来收取，并带着提取看板到上游工序超市，找出相对应的货箱，取出箱上的生产看板，换上带来的提取看板，再将生产看板放置于生产看板回收点后，将货箱送往下游工序。

上游生产工序负责搬运的员工将生产看板送回生产工序时，就启动下一箱的生产。只要搬运和生产的员工都能坚持“没有看板就不制造或搬运”的原则，就会形成一个真正的拉动系统。

有效使用看板应遵循六条规则：

1. 下游工序按照看板上写明的准确数量提取产品；

2. 上游工序按照看板上写明的准确数量和顺序制造产品；

3. 没有见到看板，就不制造或搬运产品；

4. 所有零件和物料的容器都要附上看板；

5. 永远不把有缺陷和数量不正确的产品送到下一个生产工序；

6. 慎重地减少看板张数，以降低库存与突显问题。

参见:Heijunka（均衡化）; Heijunka Box（生产均衡柜）; JIT（及时生产）; Pull-Production（拉动生产）; Supermarket（超市）

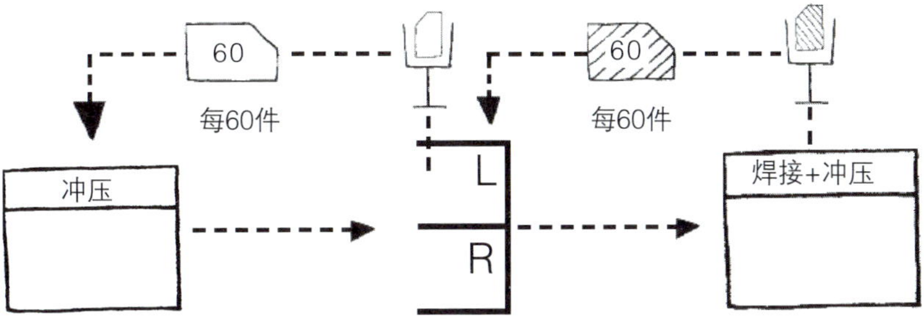

生产及提取看板示例

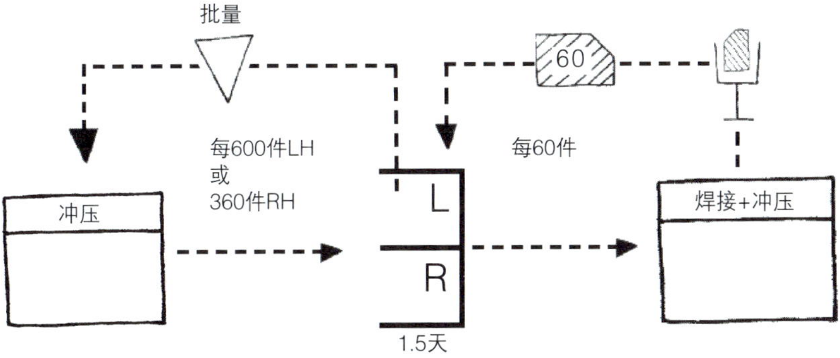

信号及提取看板示例

Kata（套路）

套路是日本练习武术的基础，意指重复基本动作，使之成为行为模式。同样的理念也可以适用于其他领域。一个被员工共同认可的行为模式以及一个明确的目标，对于寻找流程中的异常状况，从事改善以及设立下一步标准作业的过程，会有很大的帮助。

精益套路包括两种行为模式：改善套路以及辅导套路。

改善套路基本上由 4 个步骤构成，员工依照这个套路反复练习去实施改善，逐渐形成每天做事的习惯。改善过程中，遵循 PDCA 的科学解决问题的方法。4 个步骤是：

1. 决定一个愿景或方向；

2. 掌握现况；

3. 定义下一个改善目标状态；

4. 向目标进军（前 3 步都与计划有关），经过快速 PDCA 循环，去发掘障碍，并且搬移障碍。

辅导套路是辅导员工实施改善套路的行为方式。辅导老师给予员工学习性的指导，去搬移障碍，但绝不给予答案。

参见：Lean Production（精益生产）；Plan，Do，Check，Act（PDCA）（计划、实施、检查、行动）；TPS（丰田生产系统）；Leader Standard Work（管理层标准作业）

译者注：通过每天改善与辅导的套路，老师督导学生学习正确的精益思想和行为。这是培养精益领导软实力和团队传承的不二法门。参考书：《丰田套路》（*Toyota Kata*）by Mike Rother；《金矿 III：精益领导软实力》（*Lead with Respect*）by Freddy Ballé and Michael Ballé。

Labor Linearity（线性化劳动力）

一种在生产过程中（特别是生产单元），随着产量变化而灵活调节操作员工人数的方法。一旦实现，则产量变化时，制造一个产品所需的工时几乎呈现线性变化。丰田汽车称之为“柔性人力线”。

参见：Capital Linearity（线性化投资）

LAMDA Cycle（Look，Ask，Model，Discuss，Act）（LAMDA 循环）

精益产品与流程开发包括下列 5 项活动：

1. 观察：实地观察，到现场去。

2. 提问：提出问题试图了解问题的核心；重复问为什么，直到找出根本原因。

3. 模型：使用工程分析，模拟或者制造原型机，去试验评估结果。

4. 讨论：和同事、老师与其他相关同事交流观察与模型设计的心得，以及假设条件。

5. 行动：进行测试，以验证学习心得的正确性。

LAMDA 循环的目的是鼓励产品开发部门的员工持续学习，尽善尽美。

参见：《精益产品和流程开发》by Allen C. Ward

Leader Standard Work（领导层的标准作业）

有时也称为“管理层的改善”。领导层的标准作业配合精益领导力，可以把管理层的角色从过去的问题解决专家，转化为培养员工解决问题能力的推手。

由于传统的管理方法并不鼓励员工每天解决问题，因此领导层想要企业转型，必须建立新文化，放权给员工去解决问题，建立新文化。

随着计划活动的减少，领导层可以有更多的时间实施标准作业。每天的工作包括：到现场去观察、主持回顾会议、及时回应信号灯、激励员工主人翁精神，以及辅导员工。

参见：Gemba（现场）；Standardized Work（标准作业）

Lean Consumption（精益消费）

精益消费与精益生产是两个互补的概念。精益消费主张价值流上每个步骤（工序）都按实际消耗去补充物料或服务，客户有需要时，可以在最短的时间内、在正确的地点，收到正确数量的正确产品。

企业可以遵从以下 6 个步骤去执行精益消费，其方法与精益生产方式很类似：

1. 确保所有物料与服务有效，并能与客户一起彻底解决客户的问题。

2. 不要浪费客户的时间。

3. 按照客户需求，提供物品或服务。

4. 在正确的地点提供正确的产品。

5. 在最短的时间内、在正确的地点，提供正确的产品。

6. 持续集结解决问题的对策，以减少客户的烦恼与时间浪费。

要想实现这个理念，需要制造和供应两方面都明确消费不仅仅是一个单独的购买行为，而是一个持续的流程，在一段时间里，结合一系列产品与服务等活动去解决问题。

举例来说，当客户购买一台家用电脑，目的不只是持有一台电脑，而是用来解决一系列读取、处理、储存，以及转移各种信息所遇到的问题。同时，购买该台电脑不只是一次性的生意，还需要经过市场调研、购买、系统化、维修、软件升级，以及最后处理废弃物品等不同的流程。至于添置软件以及电脑周围附件，可能也会经过类似的过程。

精益消费需要零售商、服务提供者、制造商，以及供应商改变彼此在这个过程中所扮演角色的观念。此外，还需要加强消费者与供给方之间的合作，以减少费用与时间上的浪费。

参见：Consumption and Provision Maps（精益消费与供应流程图）；Lean Production（精益生产）；Lean Provision（精益供给方）；

Lean Thinking（精益思想）; Value Stream（价值流）

Lean Consumption and Lean Provision Maps（精益消费与供应流程图）

消费流程图是将客户购买货品或服务所经历的各种活动用图形绘制出来。类似地，供应流程图是将制造方或服务提供方提供产品所经历的各种活动用图形绘制出来（见下页图）。

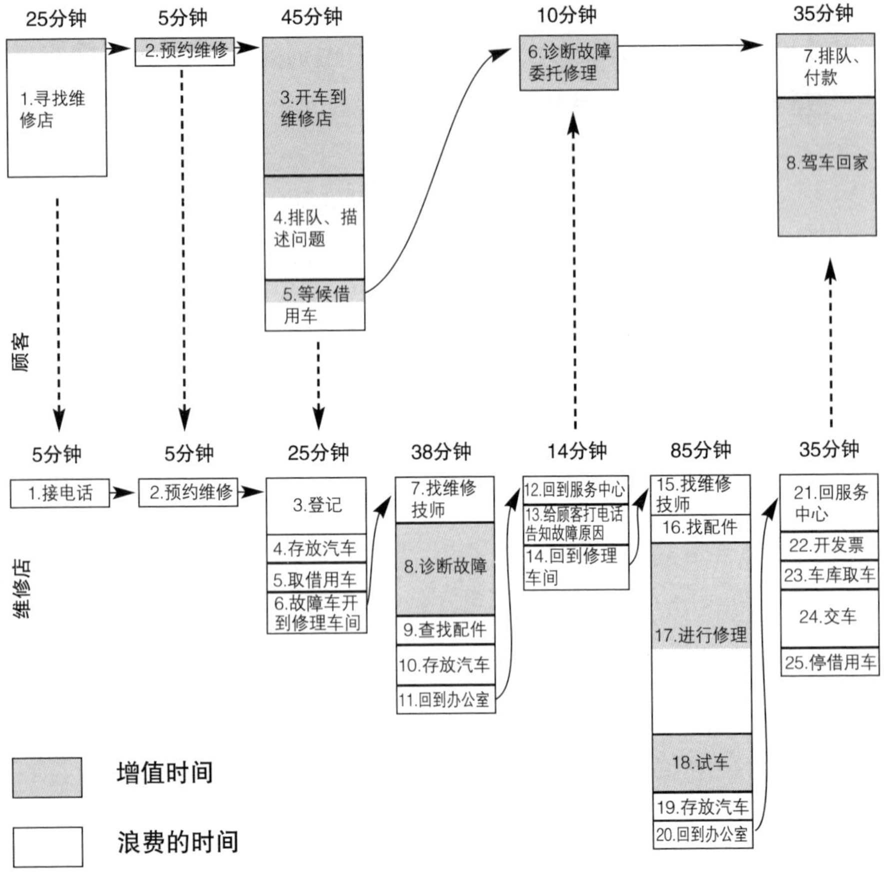
25分钟
5分钟
45分钟
10分钟
35分钟
1.寻找维修店
2.预约维修
3.开车到维修店
4.排队、描述问题
5.等候借用车
6.诊断故障委托修理
7.排队、付款
8.驾车回家
顾客
5分钟
5分钟
25分钟
38分钟
14分钟
85分钟
35分钟
1.接电话
2.预约维修
3.登记
4.存放汽车
5.取借用车
6.故障车开到修理车间
7.找维修技师
8.诊断故障
9.查找配件
10.存放汽车
11.回到办公室
12.回到服务中心
13.给顾客打电话告知故障原因
14.回到修理车间
15.找维修技师
16.找配件
17.进行修理
18.试车
19.存放汽车
20.回到办公室
21.回服务中心
22.开发票
23.车库取车
24.交车
25.停借用车
维修店
增值时间
浪费的时间

例　未进行流程精益改善的消费与供应流程图

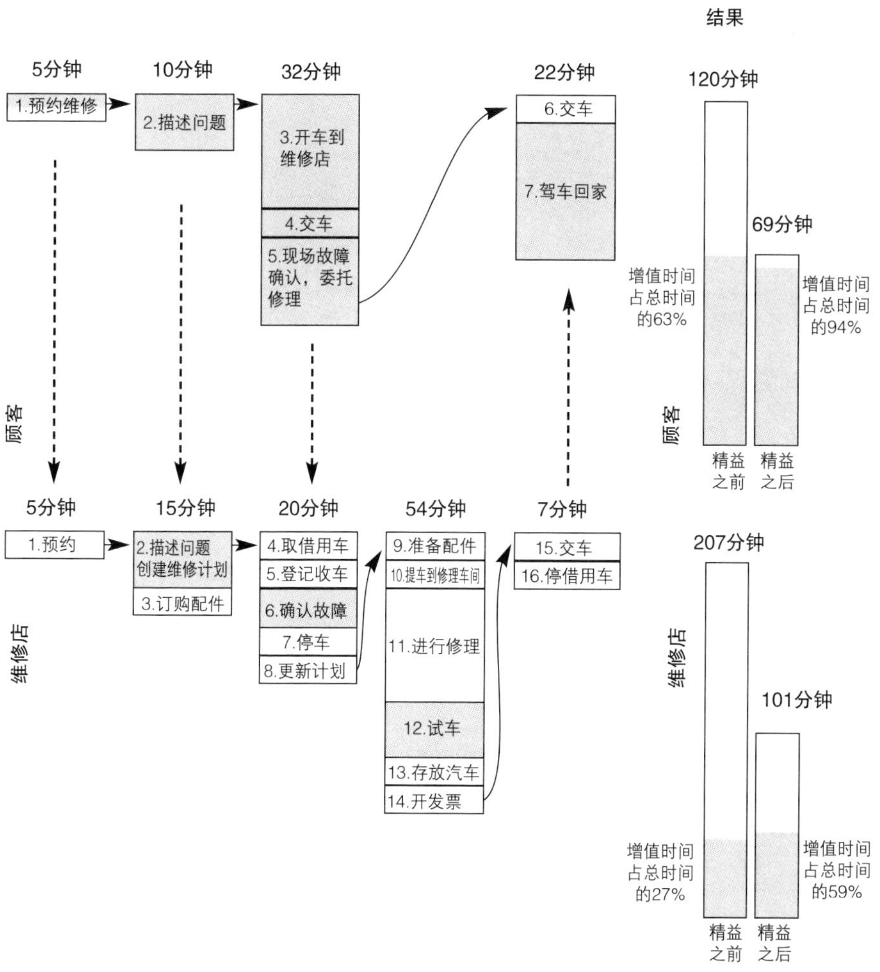

结果
5分钟
10分钟
32分钟
22分钟
120分钟
1.预约维修
2.描述问题
3.开车到维修店
4.交车
5.现场故障确认，委托修理
6.交车
7.驾车回家
69分钟
增值时间占总时间的63%
增值时间占总时间的94%
顾客
精益之前
精益之后
5分钟
15分钟
20分钟
54分钟
7分钟
207分钟
1.预约
2.描述问题创建维修计划
3.订购配件
4.取借用车
5.登记收车
6.确认故障
7.停车
8.更新计划
9.准备配件
10.提车到修理车间
11.进行修理
12.试车
13.存放汽车
14.开发票
15.交车
16.停借用车
维修店
101分钟
增值时间占总时间的27%
增值时间占总时间的59%
精益之前
精益之后

例　精益改善后的消费与供应流程图

在两张流程图中，每个方块都代表一项活动，从左到右，按照流程的次序排列。同时，方块大小依照完成活动需要的时间成比例，阴影覆盖部分代表增值时间。其他主要信息，包括总时间、增值时间，以及一次合格率会总结在消费与供应的结果报告中。

完成消费与供应流程图后，将两个图并排，一个在上，一个在下，可以显示出整个消费与供应的流程。这张合并图可以帮助供给方看清整个流程，进而找出过程中的各种浪费，并予以消灭，绘制出一张未来状态图，逐步实现双赢。

参见：Lean Consumption（精益消费）；Lean Provision（精益供给方）；Value（价值）；Value Stream（价值流）；VSM（价值流图）

Lean Enterprise（精益企业）

价值流中各家企业同意围绕系列产品，齐心协力地按照终端客户要求创造价值，消除浪费，使得价值流中的增值活动以拉动方式流动起来。这个行动计划一结束，参与企业立即分析结果，随着产品的生命周期，启动下一轮计划。

Lean Logistics（精益物流）

在沿着价值流的各家公司和工厂之间，建立一个能够经常以小批量进行补给的拉动系统。

假设 A 公司（一个零售商）直接销售产品给终端客户，同时根据市场预测，从 B 公司（一个制造商）大批量、低频率地补给货物。一个精益物流系统将会在零售商（A 公司）安装一个拉动信号。当售出若干货物后，这个信号就会提示制造商，补充相同数量的货物给 A。而制造商又会提示上游供应商立即补充相同数量的原料或半成品。以此类推，一直向价值流的最上游流动。

精益物流需要在价值流不同的节点上，使用某些拉动信号（EDI[1]、看板、网络设备等）、均衡系统（生产均衡柜）、频繁的小批量运输方法（“送牛奶”方式将零售商、制造商以及供应商联成一条供应流），以及周转仓库（在补货的环节上整合货柜）来实现这个理念。

参见：Cross-dock（周转仓库）；Heijunka（均衡化）

---

① EDI 是 Electronic Data Interchange 的缩写。——译者注

Lean Management（精益管理）

精益管理是一系列活动，以培养员工认识问题、愿意承担责任并寻找资源去达成企业目的。精益管理鼓励员工去设计用最少的资源持续解决问题的流程，获得改善成果，完成使命。

参见：Lean Production（精益生产）；Lean Thinking（精益思想）

Lean Management Accounting（精益管理会计）

精益管理会计又称精益会计。这种方法改变了传统的会计体系，实际反映企业在精益转型中持续改善获得的结果。因为现行会计制度开发于20世纪初期，主要应用于大批量生产方式，因此设计上往往鼓励大批量作业方式，同时许多决定没有从全局着眼。

精益管理会计有下列几个目标：

- 提供精确、及时以及易懂的财务报告给相关部门，引导大家实施精益转型，增加客户的价值、企业成长、利润，以及现金流。

- 提供有价值和可行动的数据与信息来支援精益文化，授权员工在各自岗位上持续改善。

- 提供符合会计原则和内外部格式要求的精益财务报告。
- 在管控财务的同时，使用精益工具消灭会计系统中的浪费。

参见：Continuous Flow（持续流动）；Batch-and-Queue（批量和等待）；Lean Production（精益生产）

Lean Product and Process Development（精益产品与流程开发）

精益产品与流程开发系统用于消除流程中的浪费，并发现有价值的知识。有四个核心理念：

1. 培养拥有专门技术的专家：发挥企业的技术优势，增强竞争力。这些专家在各自的专长领域里创作有价值的知识，并教导工程团队的同人如何有效地使用。（参考：Usable Knowledge 有用的知识）

2. 培养具有系统意识的设计工程师：提供机会给那些具有技术专长以及远见的技术人员，使他们能整合技术与知识，去设计新产品或新流程。（参考：Chief Engineer 总工程师）

3. 基于多套方案的并行开发，以避免过早决定设计选项的缺点：（a）同步开发多个不同的设计方案；（b）严格审核不同的设计方案，在整合过程中淘汰欠妥的设计，强化优质设计的特色；（c）将分析结果制成权衡曲线，作为今后知识库以及设计手册；（d）验证后，决定一个方案。（参考：Set-Based Concurrent Engineering 基于多套方案的并行开发）

4. 建立节拍、流动与拉动：将精益生产的方法应用到产品研发的流程中，均衡以免过多的项目进入研发部门，减少信息流中的浪费，并且在有特殊需要的时候，启动新的开发项目。

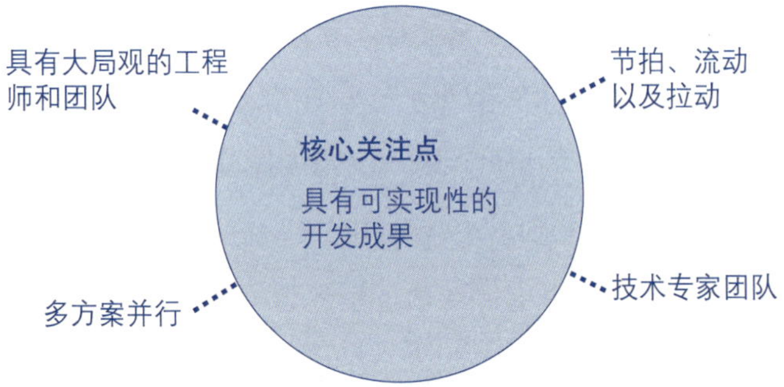

精益产品与流程开发

Lean Production（精益生产）

一种管理产品开发、生产运作、供应商，以及客户关系的整个业务的系统。与大批量生产系统形成对比的是，精益生产强调以更少的人力、更少的空间、更少的投资和更短的时间，生产符合客户需求的高质量产品。

精益生产由丰田公司在第二次世界大战之后首创，到 1990 年的时候，丰田公司只需要用原来一半的人力、一半的制造空间和投入资金，就可生产相同数量的产品。在保证质量和提高产量的同时，他们在产品开发和交货上所花费的时间，也远比大批量生产更有效益。“精益生产”这个术语由 MIT 国际机动车辆项目的助理研究员 John Krafcik 于 20 世纪 80 年代最先提出。

参见：TPS（丰田生产系统）

对比：Mass Production（大批量制造）

Lean Promotion Office（精益促进办公室）

一个推动企业向精益转化的团队，通常由工业工程师、维保人员、设备管理者，以及质量改进小组组成。这个团队向价值流经理提供以下技术支持：

· 培训精益方法

· 实施持续改善研修会

· 评测工作绩效

精益改进小组的成员，通常都包括实施精益转换初期因改善而解放的优秀员工，他们有能力协助后续的改善活动。

T

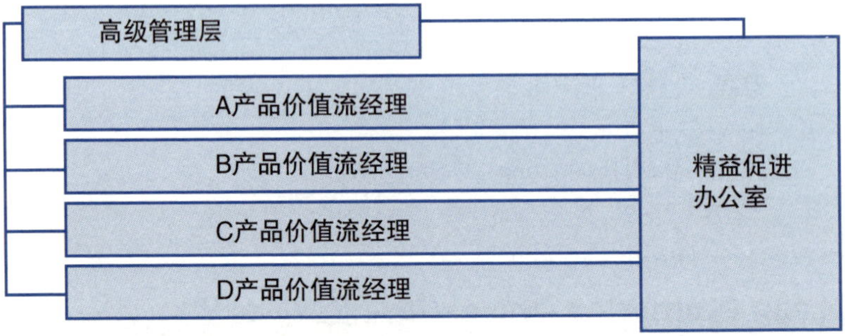

精益促进办公室协助所有的价值流经理
并向高级管理层报告

Lean Provision（精益供应方）

一个包括若干精益生产组织（供应商）——从制造到客户——为价值流提供价值的公司。

大部分供应方流程图，包括制造型企业与服务业，都比消费方流程图来得复杂。这些制造商花费大量的时间与精力，但可惜很多时候不一定符合客户需求，造成客户的不满意以及浪费。

参见：Lean Consumption and Lean Provision Maps（精益消费与供应流程图）；Lean Consumption（精益消费流程图）；Lean Production（精益生产）；Lean Thinking（精益思想）；Value Steam（价值流）

Lean Start-up（精益创业）

一套帮助创业者或新产品开发负责人，在启动业务或产品的过程中快速进行试验，以验证市场需求的方法。根据 Lean.start-up.com 网站，这个名词最早出现于 2008 年 9 月埃里克·莱斯（Eric Ries）先生书的一篇博客。莱斯先生是《精益创业》的作者。

这种方法的基础是快速地推出新产品，取得客户以及市场的回馈，以增加成功的可能性。目的是避免外部筹资或是耗费巨资推动新产品上市。其学习过程中以基础的产品作为开始，去征求早期客户的意见。这些回馈可以作为评估的根据，去决定继续当前的试验途径，或是寻找基于同样技术的其他可能产品。这种方法善用资源与时间去避免开发一些顾客兴趣不大的产品与服务，而把主要精力放在追求顾客真正需要的产品与服务上。

精益创业和精益管理哲学都主张消除不能为顾客创造价值的活动。

参见：Lean Product and Process Development（精益产品和流程开发）；LAMDA；Lean Thinking and Practice（精益思想与实践）

Lean Thinking and Practice（精益思想和实践）

詹姆斯·沃麦克和丹·琼斯于1996年提出的五步思考过程，用来指导经理们如何推动精益转型。这五个原则是：

1. 明确价值；

2. 明确产品系列价值流的各个工序，消除非增值的工作；

3. 让创造价值的各工序连接得更加紧密，以使产品能够平顺地运输到客户手中；

4. 流动，由顾客拉动前一个工序的生产；

5. 明确客户的价值，认清价值流，消除浪费，引入流动和拉动。重复这个改善循环，尽善尽美。

2007 年，二人又将五个原则简化成 3P：目的（Purpose）、流程（Process）、员工（People）。

目的（Purpose）：任何企业的首要目的都应该是明确客户的价值。这也是精益思想的第一步。然后，有效地控制成本，为客户解决问题，同时获得利润。

流程（Process）：当目的明晰后，应将注意力集中在达成目的的流程上。一般来说，任何企业都有三个主要流程：产品与流程开发、从订单到交货，以及在产品生命周期内的售后服务。这三个主要流程的完成依赖于企业内部和上游供应商许多细化的流程。

一个理想流程中的每一个工序（或行动）都必须是：

- 有价值：客户愿意为一个有附加价值的工序支付费用。如果被取消，客户会反对。

- 有能力：每一次都能够制造出合格的产品。
- 可靠：当有需要的时候，设备可以随时启动。
- 满足需要：具备足够的产能以实现连续流。
- 柔性：使用一个作业流程制造出不同的系列产品，尽量减少批量与延误。

此外，一个理想流程中所有工序应该：

- 流动：让产品或服务能够迅速地向下一个工序流动，而不停滞。
- 看板：下游工序在需要时，用看板来拉动上游工序制造所需数量的产品。
- 均衡：以定拍工序来调节流程中各个工序的运作，以满足客户需求。

员工（People）：确认为客户创造价值的主要流程和支持流程后，指定一名价值流经理带领员工不断地提升现状，努力地去满足客户要求，并向未来状态迈进。要想达到这一步，企业必须具备下列要素：

- 一个全盘计划，也称为战略部署（Strategy Deployment）。
- 各个流程都有不间断的改善周期，使用 A3 报告来分析价值流。
- 流程中每个工序都有标准作业，并且有管理执行的系统。

参见：A3 报告；Strategy Deployment（战略部署）；TPS（丰田生产系统）；Value Steam（价值流）；VSM（价值流图）

Level Production（均衡生产）

参见：Heijunka（均衡化）

Level Selling（均衡销售）

客户对各项产品的需求其实相对稳定，但往往被生产和销售系统所蒙蔽。

例如，每月或季度销售奖金会促成批量订单（Bunch Orders）。一些宣传活动，例如汽车经销商为了增加维修量，而人为地设计出一些和客户实际需求无关的活动。再譬如，制造商根据预测，大批量制造产品，最后不得不通过特别促销来解决库存。

均衡销售可以消除上述人为因素，丰田称之为“创造出来的需求”。使用的方法包括改变销售奖金制度，剔除促销，使用小批量制造来补充客户消耗的产品，并与客户建立长期的合作关系，以便更有效地为客户提供服务。只有在消除了生产及销售系统中各种失真的因素之后，留下来的才是真正的客户需求。一个优秀的精益生产及销售系统具有很好的响应客户需求的能力。

参见：Build-to-order（按订单生产）；Demand Amplification（需求放大效应）；Heijunka（均衡化）

Machine Cycle Time（机器周期时间）

参见：Cycle Time（周期时间）

Mass Production（大批量生产）

20 世纪初期出现的一种管理产品开发、制造、采购和客户关系的商务系统。典型特征如下：

- 产品开发的步骤是串联式，而不是并行的。
- 制造流程中的工作严格划分为白领和蓝领两种。
- 产品周转于既存的生产工序，而忽视了工序是为产品而设计的。
- 供应商选择往往根据产品单价，而不去计算整体的总成本。
- 物料运输大都采用大批量、低频率的方式。
- 制造信息由中央系统发布到各个生产工序，指令下一步应该做什么，推动产品向下游工序移动。
- 客户常常遇到产品大减价，其原因是销售人员为了达成销售指标，或是为了减少来自错误市场预测导致的库存。

参见：Batch and Queue（批量和等待）

对比：Lean Production（精益生产）

Material Flow（物料流）

价值流中不同物料所呈现的流动。

大批量制造系统按照计划发布指令来推动生产。而在精益生产中，不同产品族的加工步骤分别被安排在一起，而且尽可能地紧凑，以便物料能够小批量地在后工序或最终客户的拉动下流动。

参见: Information Flow（信息流）；JIT（及时生产）；Lean Production（精益生产）；Mass Production（大批量生产）

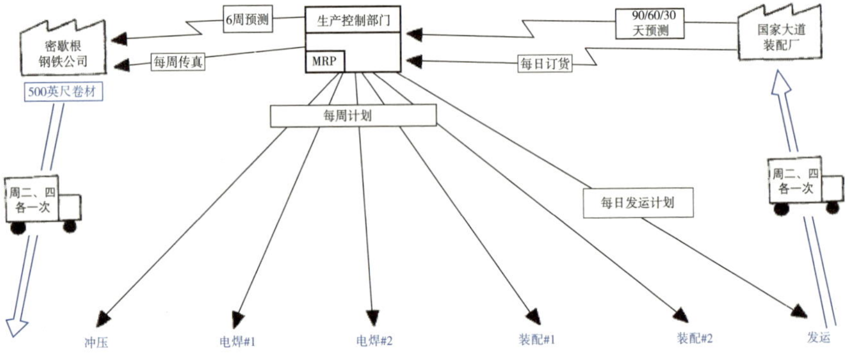

注：1 英尺 ≈ 30.48 厘米
物料流用蓝色表示，图标含义请参见附录 A

大批量生产中的物料流现状图

Material Handling（物料搬运）

在生产过程中搬运需要的物料。

在一个精益生产系统里，物料搬运员除了按生产指令运送物料外，还能够帮助生产线上的操作员减少不必要的走动，比如去仓库提取物料，预防搬运物料时摔倒，以及伸手去取零件等，从而改进工作效率。

Fixed-time, Unfixed-Quantity Conveyance（定时不定量运输）

在这种类型的搬运系统中，物料搬运员按照预定的时间间隔（例如20分钟），在工厂的标准路线上搬运物料。每次搬运的数量可能不同，但是时间间隔是固定的。在这段时间里，搬运员按照预定的标准路线，先拿出提取看板，找出需要的物料，然后送到生产工序上。这个系统有时结合生产均衡柜（heijunka box），其时间间隔应当与标准的材料搬运时间间隔相符。这种方式通常应用于装配操作中，把组件按操作需求运送到各个生产工序。有人称之为“水蜘蛛”搬运——Mizusumashi或Waterspider Conveyance。

Fixed-quantity, Unfixed-Time Conveyance（定量不定时运输）

这种类型的搬运系统通常根据下游生产点的信号，在需要的时候运输准确数量的物料。当一个工位低于最低库存水平的时候，系统就会提醒搬运员去搬运物料。由于搬运员从上游工序拿到的是标准数量（例如一盘、一箱等）的物料，因此物料的数量是固定的，但运输时间却是根据需求而变化的。这个系统往往设有中间产品的超市。当生产单元中库存偏低时，就会触发一个信号，让搬运员到上游去搬运，以补充被消耗的数量。这种类型的系统也常被称为呼叫系统（Call–system) 或零件呼叫系统（Call–parts System）。

还有一种不常见却可行的方法是联合使用“水蜘蛛”与“定量不定时”两种方式。按照这种方法，物料搬运员随客户要求的变化而改变路线，周旋于各工位间，将固定数量的材料迅速运送到需要的生产工位。

参见：Heijunka Box（生产均衡柜）；Paced Withdrawal（有节奏的提取）

Milk Run（“送牛奶”物流方式）

一种加速物料在不同工厂之间流动的方法。这种方法通过取货车行驶路线的安排，可以成倍地提高到各个工厂提货和卸货的次数。这种方法通过高频率的提货和卸货，将多个工厂串联起来，在两个工厂之间，不用等到装满一车货物之后才启动运输。这样可以帮助工厂减少库存，缩短价值流交付时间，以及实现及时供货的目的。“送牛奶”这个概念与物料搬运路线（Material Handling Routes）很相近。

参见：Lean Logistics（精益物流）；Material Handling（物料搬运）

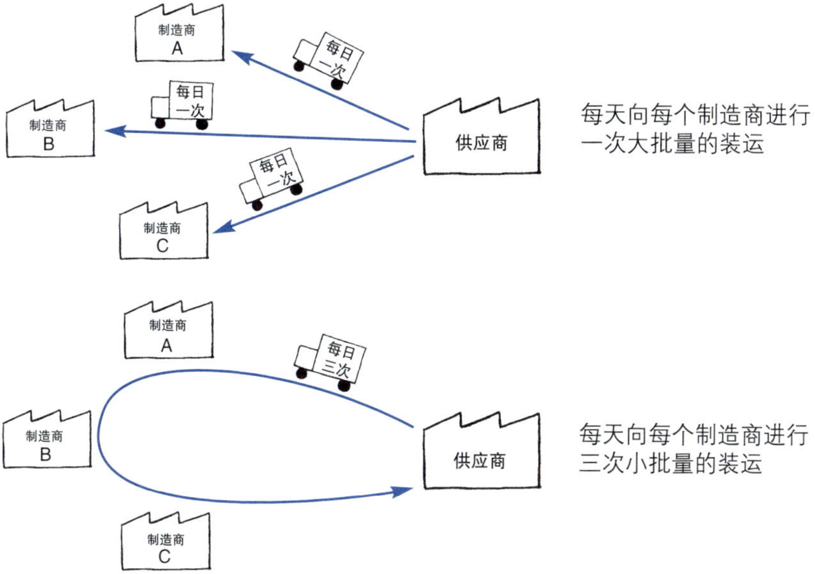

Mistake-Proofing（防错）

参见：Error–Proofing（防错）

Monument（大批量生产技术）

凡是设计、规划以及制造技术，需要大批量原料，或者冗长的换模时间，而需要订单与产品配合该技术，使得生产中拥有大量库存与等待。

参见：Capital Linearity（线性化投资）；Right–Sized Tools（适当尺寸的装备）

Muda, Mura, Muri（浪费、不均衡、超负荷）

在丰田生产系统中，经常用来描述浪费的三个日本名词：

Muda（浪费）

一切不为客户创造价值，但消耗资源的活动。在这个分类中，有必要把 1 型 Muda 和 2 型 Muda 区分开来。

1 型 Muda 指的是不能立即消除的活动。一个例子是由于无法满足客户对喷漆要求，而进行返工的工序。由于在此之前，制造商已经为提高喷漆质量努力了十几年，因此这种类型的浪费，不大可能被立即消除。

2 型 Muda 指的是可以通过改善，立即消除的浪费活动。一个例子是在制造装配工序中，多次无谓地搬运产品。通过改善研修会，可以把生产设备和操作员安排到一个可以平顺流动的生产单元中，从而迅速消除搬运与走动的浪费。

Mura（不均衡）

生产运作不均衡的现象。例如，一个由于生产系统波动或者工作安排不合理造成操作员有时忙、有时空闲的现象。这些不均衡的问题通常可以通过实施均衡生产，或者调整生产节奏而改善。

Muri（超负荷）

超负荷的设备或员工通常是由于工作要求比原设计规格更

高或更困难，导致设备超时或超能力地运作，或员工花费更多的时间与力度去完成工作。

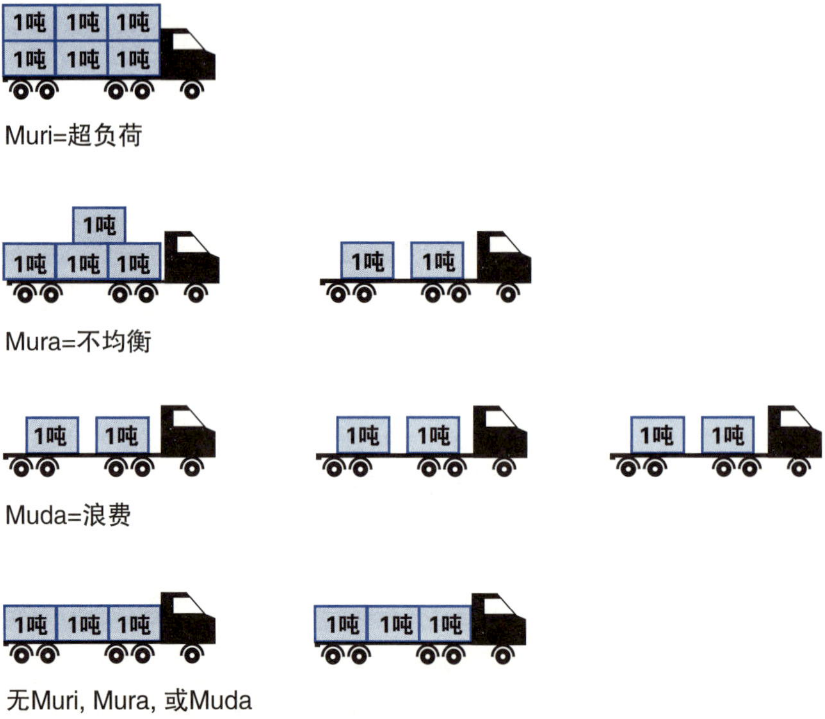

Muda、Mura 和 Muri 的相关性

一个简单的图解就可以说明 Muda、Mura 和 Muri 之间的关联，只要消除其中一项，就有可能消除其他两个。

假设一家公司正在考虑为客户运送 6 吨材料的方案。第一个方案是用一辆货车，只用一次就把 6 吨材料全部送去。但是这将成为 Muri，因为这会导致卡车超载，而出现故障（卡车的额定载荷是 3 吨），从而导致 Muda 和 Mura 。

第二个方案是运送两次，其中一次运 4 吨，另一次运 2 吨。但是这将成为 Mura，因为客户所收材料的不平均，会导致收货仓库先出现拥堵，然后又出现工作量不够的问题。这种方案同样会导致 Muri，因为其中一次运输卡车超载了；而由于不均衡的工作节奏，导致了搬运工人等待的浪费 Muda。

第三种方案是用这辆卡车运输 3 次，每次运送 2 吨的材料。但这即便不会产生 Mura 或是 Muri，也会导致 Muda，因为每次运输卡车只满足了部分负载量。

消除 Muda、Mura 和 Muri 的唯一途径就是运输两次，每次运输 3 吨（卡车的额定负载）。

参见：Heijunka（均衡化）

Multi-Machine Handling（一人多机操作）

在按机种布局的加工流程中，操作员一人操作多台相同设备的策略。这要求把人和机器的工作分开，通常需要在机器上应用 Jidoka（自働化）和 Auto-Eject（自动卸载）来实现。

参见：Jidoka（自働化）；Multi-Process Handling（一人多工序操作）

单机操作　　　　多机操作

Multi-Process Handling（一人多工序操作）

在一个以产品加工顺序为导向的布局中，一个操作员负责多个生产工序的策略。这需要对操作员进行培训，教导员工操作不同类型的机器（例如折弯机、卷边机以及检测设备等），在单元化生产方式下操作多个工序。

这种方法与大批量制造的方法形成对比。大批量制造是把工人安置在一个独立的工位，比如车削、轧制或研磨等。工人只操作一种设备，大批量地制造产品，然后运交给其他部门。

参见：Multi-Machine Handling（一人多机操作）

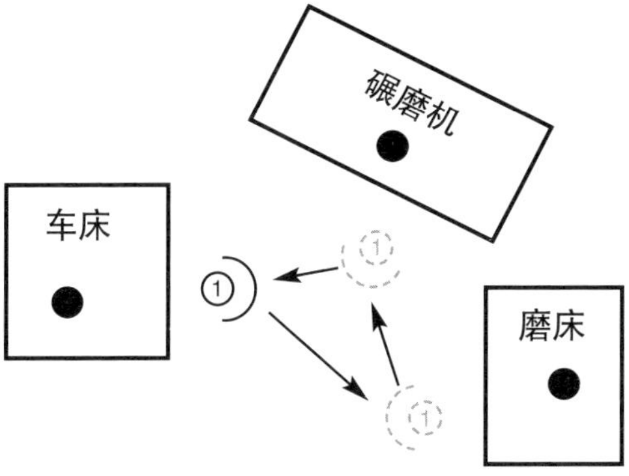

操作员在生产单元内操作不同类型的机器

Nemawashi（建立共识）

一种达成团队共识，获取组织内部同意并支持的过程，其运作包含初期构想的评价，听取不同领导和相关部门的看法，重视其他反对意见并进行整合。目的是希望建议能在领导层审批会议中获得正式批准。在日语里，Nemawashi 是“移植之前断根”的意思。

参见：Strategy Deployment（战略部署）

Non Value-Creating Time（非增值时间）

参见：Cycle Time（周期时间）

Obeya（大部屋）

日语里，Obeya 是“大房间”的意思。在丰田，它是项目管理的一个工具，尤其应用在产品与流程开发的项目管理上，以提升团队之间有效与及时的沟通。与一般“作战室”（War Room) 相似，大房间里张贴着图表，标明主要里程碑的时间表、当前进度、遭遇的问题，以及针对进度或技术问题的解决对策等。项目经理常驻大房间，其他部门的负责人依项目进度需求进驻。其目的是保证项目成功，并且缩短 PDCA 的周期。

参见：Plan, Do, Check, Act（PDCA）（计划、实施、检查、行动）

Ohno, Taiichi 大野耐一 (1912—1990)

丰田公司主导建构丰田生产系统（TPS）的主要执行人，著有多部关于 TPS 的书籍。

One-Piece Flow（一件流）

一次只制造或移动一件产品。

参见：Continuous Flow（连续流）

Operation（操作）

一台机器或是一个工人制造产品的过程。

参见：Process（工序）

Operational Availability（设备可用率）和 Operation Rate（运转率）

设备可用率是一台机器在需要的时候，一开机就能正常运转的比例（也称为可动率）。而运转率指的是在固定时段里（如一班、一天等），机器实际使用的比例（也称为稼动率）。

我们用一个汽车的例子来说明这两者之间的差别。可用率指的是汽车在需要的时候，能正常操作驾驶的百分比；而运转率指的是在这一天里，实际行驶的时间百分比。

精益思想者用以上的差别来解释传统对效率的误解。按照精益思想的观点，高运转率并不一定代表高效。运转率的效益取决于设备是否能生产出所需数量的产品（好），而不是过量生产（不好）。理想的设备可用率是 100%，它反映出机器在需要的时候能正常运转。

参见：Overall Equipment Effectiveness（设备综合效率）

Operator Balance Chart（OBC）（操作员平衡表）

一种根据节拍时间分配操作员工作的图表工具，用来协调

多个工序及多个操作员的流程，创建连续流。（也称为线平衡图或操作员负荷表，或山积表 Yamazumi Board）

操作员平衡表使用竖条表示每个操作员的工作量与节拍时间的比例。每个操作员对应的工作量由不同的作业要素的小竖条堆积起来。操作员平衡表有助于了解不同操作员的工作量以及合理分配任务，这是管理层减少操作员人数的必要功课，以期每个操作员的工作量能接近或稍微少于节拍时间

参见：Yamazumi Board（山积表）

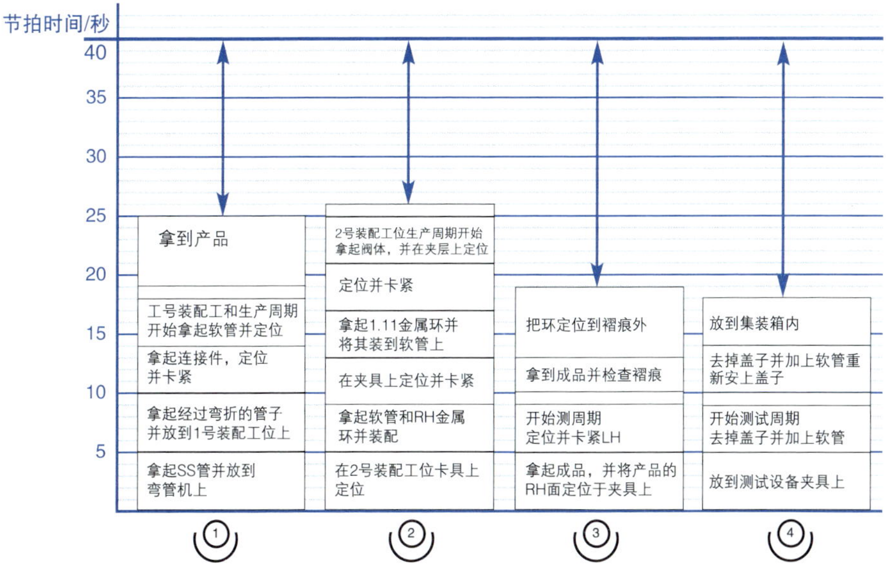

山积表

Operator Cycle Time（操作员周期时间）

参见：Cycle Time（周期时间）

Out-of-Cycle Work（周期外的工作）

生产过程中需要操作员离开工作区域的特别任务。

例子包括到仓库去取零件，或把成品搬运到下游工序。这些工作应当从操作员的标准作业中剔除，交由线外的物料搬运员或班长去执行。

参见：Standardized Work（标准作业）

Overall Equipment Effectiveness (OEE)（设备综合效率）

一种用来测量总体设备使用效率的方法。

设备综合效率由三个元素来决定：

● 可用率（Availability Rate）用来衡量由于设备故障和调整造成的停机损失占计划时间的百分比。计算方法为：(计划时间

– 计划外停机时间）/ 计划时间 ×100% = 可用率。

●效率（Performance Rate）用来测量设备的运转速度与标准运转速度的比例，代表工作上的损失。

●质量合格率（Quality Rate）用来测量产品合格率（合格产品与总产量的比例）。

这三个元素相乘就得出设备综合效率：可用率 × 效率 × 质量合格率 = 设备综合效率

如果可用率为 90%，效率为 95%，质量合格率为 99%，那么设备综合效率就是 0.90×0.95×0.99=84.6%。设备综合效率反映了 6 种主要损失——失效、调试、停机、运转减速、废品以及返工。不同企业可能根据业务需要，在计算方式上略有不同。

参见：TPM（全员生产维护）

译者注：

● 可用率和质量合格率是生产现场实时管控的指标；班长每小时在生产管理板上记录产量，停机（线）时间及原因，与目标的差距。使用信号灯（Andon）以及可视化管理加快解决问题的速度。另外，生产数据的收集与分析可以作为持续改善的基础。

- 张炯煜先生提供了一个简易计算方法，设备综合效率 =（合格产品数目 × 设备的标准运转速度）/ 计划生产时间。这个方法可以解决计算效率（Performance Rate）的难题。（参见 "Introduction to TPM"，Seiichi Nakajima，1988，http://leanproduction.com/oee ）

Overproduction（过量生产）

制造出比下一个工序的需求更快、更早或更多的体系。大野耐一先生把过量生产看作最严重的一种浪费，因为它导致并且掩盖了其他多种浪费，例如库存、缺陷和超量运输等。

参见：Batch and Queue（批量与等待）；Ohno（大野耐一）；Seven Wastes（七种浪费）

Paced Withdrawal（有节奏的提取）

以固定的、频繁的节奏，向工作区发布生产或提取成品的指令，将物料流和信息流联系起来的方法。

在下面的图示中，材料搬运员每20分钟循路线走动一次。首先从生产均衡柜提取生产看板，然后再依照看板，送到指令上的生产工序，启动生产过程。

搬运员提取加工完毕的产品，并送到库存超市；再从看板盒中提取生产看板，并插入生产均衡柜中适当的格子里。最后从均衡柜中提取下一个格子里的生产看板，重复新一轮的工作周期。

有节奏的提取可以防止过量生产，并且可以在出现问题时迅速地汇报给管理者。在上述例子中，只需要不到 20 分钟。

参见：Every Product Every Interval（每一产品被再生产的周期）；Heijunka Box（生产均衡柜）；Milk Run（“送牛奶”的物流方式）；Pull System（拉动系统）

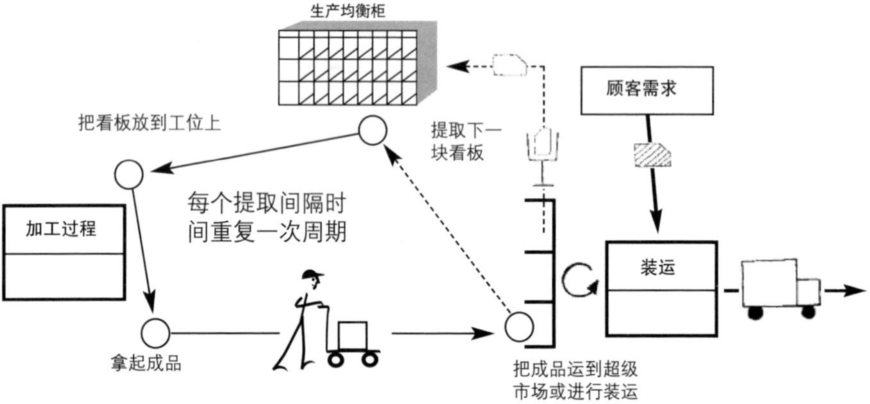

车间环境中典型的有节奏提取

Pacemaker Process（定拍工序）

一个可以决定价值流生产节奏的工序。（注意不要把定拍工序和瓶颈工序混淆，后者是由于产能不足而限制下游的生产）

定拍工序通常是接近客户的价值流末端的总装流程。当一个产品从某个上游工序一直到价值流的终端，都可以采用先进先出（FIFO）的方法，那么这个上游工序就是定拍工序。

参见：先进先出（FIFO）

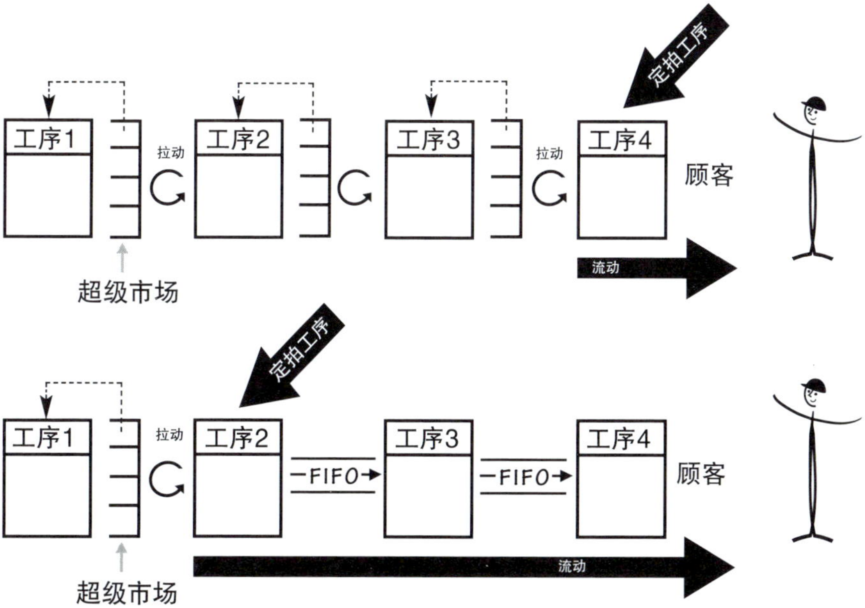

选择定拍工序

Pack-Out Quantity（单位包装数量）

客户（包括工厂内部客户或外部客户）要求产品在运输过程中包装于一个容器（箱或盒）的数量。一个托盘的货往往由许多容器所组成。

Perfection（尽善尽美）

一个能按要求为客户增加价值，又没有任何浪费的制造流程。

参见：Plan, Do, Check, Act（PDCA）（计划、实施、检查、行动）

Pitch（单位制造时间）

在生产线上，制造一个容器数量的产品所需要的时间。

计算单位制造时间的公式为：

单位制造时间＝节拍时间 × 单位包装数量

例如，节拍时间（每天可用的生产时间除以每天的客户需求）为 1 分钟，容器的包装数量为 20，那么，单位制造时间＝1 分钟 ×20 件＝ 20 分钟。

将单位制造时间、生产均衡柜和“有节奏”的物料搬运一起实施可以有效地帮助管理者维持工厂的生产节奏。

注意：术语 Pitch 有时也用来反映一个操作员的工作时间。

参见：Heijunka Box（生产均衡柜）；Paced Withdrawal（有节奏的提取）；Pack-Out Quality（单位包装数量）；Takt Time（节拍时间）

Plan, Do, Check, Act (PDCA)（计划、实施、检查、行动）

一个根据科学方法的改善循环。从提出流程改善的建议，到动手实施，检验结果，然后再采取适当的调整行动（见下页图）。W. Edwards Deming 于 20 世纪 50 年代把这个概念引入日本，也有人称之为戴明环（Deming Cycle or Deming Wheel）。

PDCA 循环包括四个步骤：

计划：确定目标，设计实现目标所需要的改变计划

实施：实施改变方案

检查：检查结果，与目标对比

行动：视结果决定是否进行标准化，或者再重新 PDCA 循环

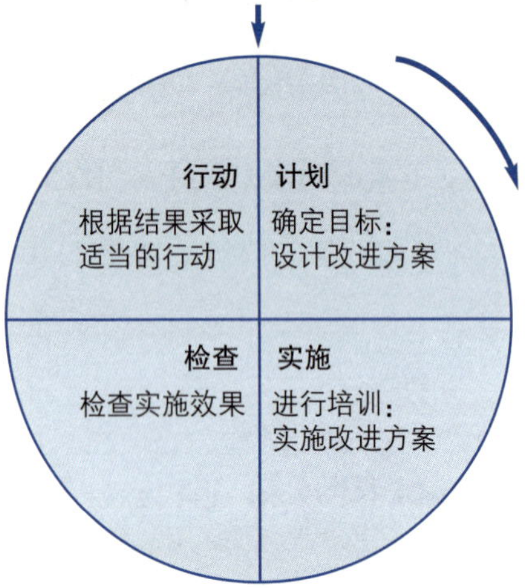

丰田也常使用PDCA环，但丰田将之称为“Go See”，内容也略有不同

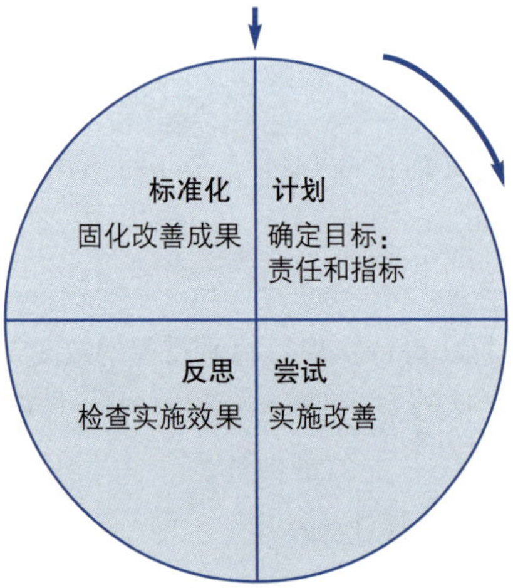

典型的 PDCA 环

Plan for Every Part (PFEP)（每个零件制订计划）

每个零件都有一个详细的制造计划，包括防错与消除浪费的相关信息。这是丰田生产系统中一个关键工具。

这份计划应当包括零件型号、尺寸、每天制造的数量、准确的使用位置、准确的存放位置、订单频率、供应商、单位包装规格、供应商处的发货运输时间、容器规格和重量以及其他相关的信息。关键是要准确地说明处理该零件的所有信息。

参见：Material Handling（物料搬运）；Pack-Out Quantity（单位包装数量）

Plan For Every Person（每个员工的计划）

针对每个员工的培训以及发展计划表，包括该员工需要掌握和已经掌握的技能。

在下面的图表中，顶端列出员工需要掌握的技能，左边是员工姓名。阴影部分代表员工已经具有的技能水平。图表中的日期是该员工学习必要技能的培训计划。这个计划对评价员工掌握多项技能以及操作多工序的能力特别有价值。

参见：Multi-Process Handling（多工序操作）

每个员工的计划示例

技能培训矩阵	□ 不能进行操作 ◩ 基本可以进行操作 ■ 可以很好地完成操作	工厂名称：	班长：
		负责人：	日期：

No.	操作员姓名	底漆	贴装	回流焊接	清洁	目检	修正	焊接	粉末喷涂	烘干固化	密封	外观检查	绑标签	通电源	包装	当前日期	目标日期
1	操作员A						11/30	11/30	12/30	12/30	12/30	12/30					
2	操作员B	12/30	12/30	11/30													
3	操作员C						11/30	11/30	12/30								
4	操作员D						11/30								11/30		

Point-of-Use Storage（使用点库存，或线边库存）

把零件和材料放在离操作工序尽可能近的地方。

Poka-Yoke（防错）

参见：Error-Proofing（防错）

Policy Deployment（方针展开）

参见：Strategy Deployment（战略部署）

Problem Solving（问题解决）

精益转型或流程改善最主要的任务是认识当前状态和目标状态的差距，并努力缩小差距。

精益管理系统中每个员工都按照下列两个原则去解决问题：

1. 所有问题的描述必须有事实根据，而不是假设或臆测；描述包含问题本身、目标状态、原因以及根本原因等。问题解决者必须能回答以下问题：你怎么知道对策有效？你曾经到现场去掌握真实情况吗？你怎么知道其他同事同意你的解决对策？

2. 团队都能接受改善仅是解决问题的开始，改善是无止境的概念。一个改善计划要包括问题的原因，以及解决的对策。这是一个学习如何动手、逐渐迈向目标的过程。

Preventive Maintenance（预防性设备维护）

一套实施“全员生产维护”（TPM）的前期准备措施，定期检查设备或进行重大维修，以期降低故障次数，并延长设备的使用寿命。

在精益生产系统中，一线操作员每天有责任进行基本的预防性设备维护工作，比如检查润滑油是否足量，滤网状态以及螺栓紧固等。

比较：TPM（全员生产维护）

Process（流程）

一系列的工作程序，经由一定的顺序，去设计、接受订单，制造出产品。

Process Capacity Sheet（流程能力表）

参见：Standardized Work（标准化工作）

Process Village（工艺专业化布局车间）

一种按照生产设备或技术，而非产品制造流程的布局方式。

传统企业按照设备类别成立加工群，比如工厂里的打磨、冲压、注塑车间等，或者办公室里的销售、物流部门等。而精益型企业则尽量按照产品流程顺序来安排布局。

下页的图解显示一个制造自行车工厂的布局：工艺专业化布局以及工序专业化布局的对比。

参见：Mass Production（大批量生产）；Material Flow（物料流）

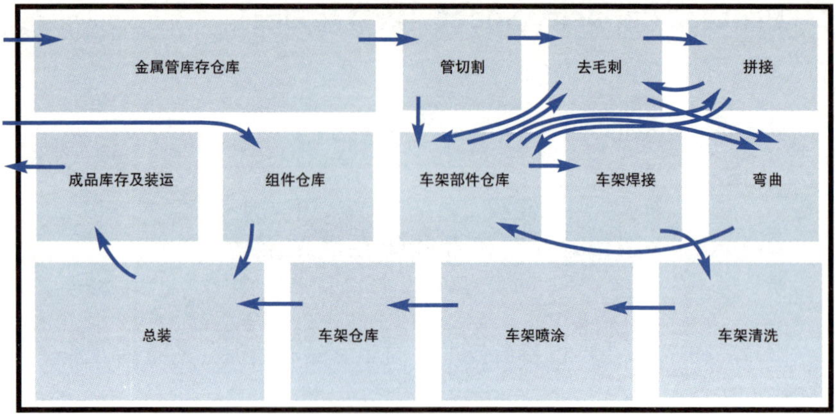

工艺专业化布局车间工艺专业

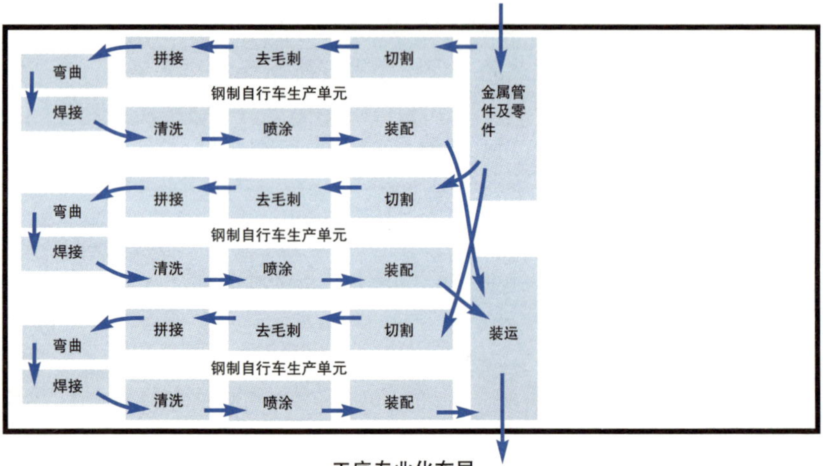

工序专业化布局

工艺专业化布局和工序专业化布局的对比

Processing Time（加工时间）

参见：Cycle Time（周期时间）

Product Family（产品族）

一个产品族以相似的加工步骤和通用的设备，制造出不同型号的产品。对于精益思想者而言，产品族的重要性在于这些产品可以包括在同一个价值流图中来分析。一般来说，价值流末端的流程决定产品族。

产品族可以从不同的客户角度来定义，生产流程的终端客户或生产过程中的中间客户都可以。例如：一家家用电钻公司里，可能会将“中型电钻”定义为一个产品族，因为这些电钻都使用共同的底架，并且在制造过程中都使用同一个装配单元。

另外一个选择，也可以按不同的电机类别定义一个产品族，因为这些电机都会在最后一个制造单元里进行装配。或者，也可以按电机所使用的不同钻子型号定义一个产品族，因为这些电钻都经过同一个制造流程。

参见：Product Family Matrix（产品族矩阵）；VSM（价值流图）

Product Family Matrix（产品族矩阵）

一个指导精益思想者识别产品族的图表。

在下列图示中，一家公司有 7 个主要生产步骤。经过与客户讨论，按照装配工序和设备排列出来，很快发现 A、B、C 三种产品有着非常相近的生产过程，可以分别按照产品族的概念绘制出不同产品族的价值流图。

参见：Product Family（产品族）；VSM（价值流图）

		装配步骤及设备							
		1	2	3	4	5	6	7	8
产品	A	X	X	X		X	X		
	B	X	X	X	X	X	X		
	C	X	X	X		X	X	X	
	D		X	X	X			X	X
	E		X	X	X			X	X
	F	X		X		X	X	X	
	G	X		X		X	X	X	

产品族矩阵

Production Analysis Board（生产分析板）

一块设置于生产工位旁边的管理板，用来显示实际操作与计划的对比。

图示是一个工位每小时的生产计划和实际产量的对比。当实际产量与计划不符时，把问题与发现的原因都记录下来。

遵照拉动的逻辑而不按照生产计划进行的制造流程，会把下一个工位所需要的数量记录在分析板上。因为生产线上的各种变化都可能影响原先计划的数量。

生产分析板是一个重要的目视化管理工具，特别是对那些刚开始实施精益转型学习精益生产的公司而言。更重要的是，生产分析板是一个发现问题和解决问题的工具，而不是用来安排生产计划的工具。生产分析板有时也被称为生产管理板、工序管理板，或者更恰当地说，是一个“问题解决板”。

参见：Plan, Do, Check, Act（PDCA）（计划、实施、检查、行动）

生产线 油管生产单元			小组负责人 Brarb Smith			
产量要求 690			节拍时间 40秒			
时间	计划	实际	计划	实际	问题/原因	签名
6—7	90	90	90	90		
7—8	90	88	180	178	检测机故障	
8—9^{10}	90	90	270	268		
9^{10}—10^{10}	90	85	360	353	检测机故障	
10^{10}—11^{10}	90	90	450	443		
11^{40}—12^{40}	90	90	540	533		
12^{40}—1^{40}	90	86	630	619	零件缺陷（阀门）	

休息 10分钟 →

← 每小时生产主管签字确认一次

← 车间主任在午饭前及每班结束时确认

↑ 每小时　　↑ 累计

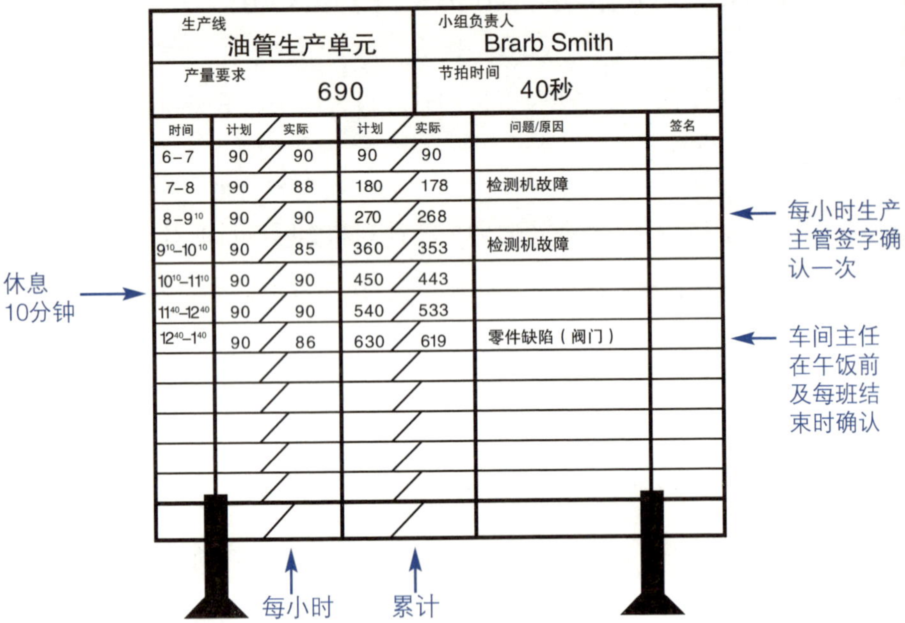

来源：《创建连续流》

生产分析板

Production Control（生产管理）

制造流程中管控生产，以及安排产品能够按照客户需求，平稳地、迅速地流动的系统。

在丰田公司，生产管理部门是一个关键的职能部门。当产量不足时，加速生产节奏；超量时，减缓生产节奏。在一些大批量型的制造公司里，生产管理可能仅负责物料计划或物流等孤立的任务。

Production Lead Time（产品交付期）

参见：Cycle Time（周期时间）

Production Preparation Process (3P)（生产准备过程）

一个设计精益生产流程的方法，可以应用在新产品投产或现有产品由于设计变更或客户需求有重大改变，而需要重新设计制造流程的时候。

一个跨职能的 3P 小组首先观察整个生产流程，然后为各工序设计出不同的可选方案，并把这些方案与精益准则进行比较。小组在订购设备及安装前，先使用简单的设施模拟生产过程，并进行模拟验证。

对比：Kaizen（改善）；Kaizen Workshops（改善研修会）

Production Smoothing（生产平顺化）

参见：Heijunka（生产均衡化）

Pull Production（拉动生产）

一种由下游工位向上游工位提出需求的生产管理方法。拉动生产力求消除过量生产，是及时生产（JIT）系统中的三要素之一。

在拉动系统中，无论是否在同一个工厂，都要通过下游向上游提供信息。信息传递通常是一张看板卡，上面写明需要什么零件或材料、需要的数量，以及在什么时间、什么地点需要。上游供应商只有在收到下游客户的需求信号之后，才开始生产。这与推动生产的概念是完全相反的。

拉动生产系统有三种基本类型：

Supermarket Pull System（库存超市拉动系统）

这是最基本、使用最广泛的类型，有时也称为“补充”，或

"a 型"拉动系统。在超市拉动系统中，每个工序都有一个超市用来存放完成的产品。每个工序只负责补足从超市中被取走的数量。一个典型的例子：当物料被下游工序从超市中取走之后，一块看板会被送到上游工序，启动生产已消耗的产品数量。

由于每个工序都要负责补充各自的超市，因此每天现场管理就相对变得简单，而且改善的机会也就更明显了。超市拉动系统有一个缺点，就是每个工序必须储备所生产各产品种类的库存，因此当产品类型多的时候，执行起来相对困难。

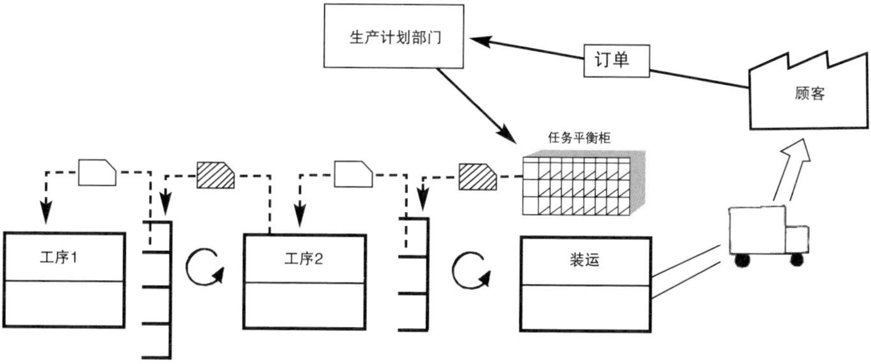

库存超市拉动系统

Sequential Pull System（顺序拉动系统）

顺序拉动系统也就是通常所说的“b 型”拉动系统。产品“按照订单制造”，将系统的库存减少到了最小。这种方式最适用于零件种类多，库存超市无法容纳各种不同零件库存的情况。

在一个顺序拉动系统中，生产计划部门必须详细规划生产数量和种类的生产方式，这可以通过一个生产均衡柜来实现。生产指令被送到价值流最上游的工序，各工序以“顺序”的方式加工制造前一个工序送来的半成品。在整个生产过程中保持产品的先进先出。

顺序拉动系统可以造成一种压力以实现较短的交货期。为了让系统更有效地运作，必须了解客户订单的模式。如果订单很难预测的话，那就要保证产品交付期短于订单要求的时间，否则必须保存足够的库存才能满足客户的需求。

顺序拉动系统需要强有力的管理来维持，在车间里进行改善往往是一个有趣的挑战。

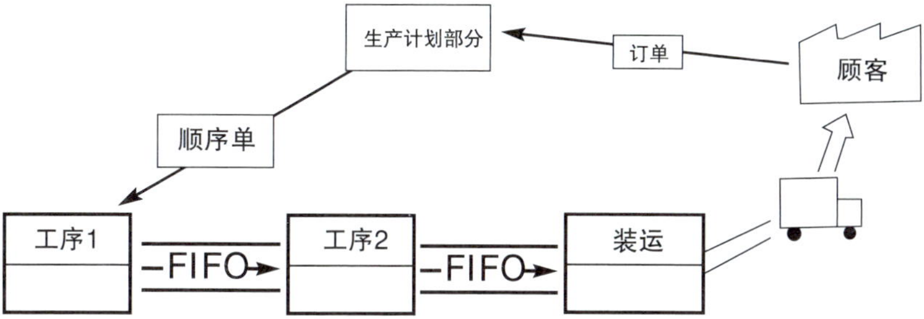

顺序拉动系统

Mixed Supermarket and Sequential Pull System（库存超市与顺序拉动混合系统）

库存超市与顺序拉动系统可以混合使用，也是通常所说的"c 型"拉动系统。这种混合系统最适用于一家公司，大约 20% 的产品占到公司每天总产量的 80%。根据各种型号的产量把订单分为高（A）、中（B）、低（C）和不经常（D）四种类型。D 型所代表的是特殊订单或者维修用产品。要启动这类低产量的制造，可以使用一种特殊的 D 型看板，注明一定的数量。这样的话，生产计划部门就可以按照顺序拉动系统来安排 D 型产品的生产。

这种混合系统选择性地使用库存超市和顺序拉动，从而即便是在需求复杂多变的环境下，公司也可以使用两个系统共同运转。

对于混合系统来说，稳定生产和发现异常情况往往会比较困难，管理和改善活动也具挑战性。因此，管理层需要关注混合系统的有效运转。

参见：JIT（及时生产）；Overproduction（过量生产）

对比：Push Production（推动生产）

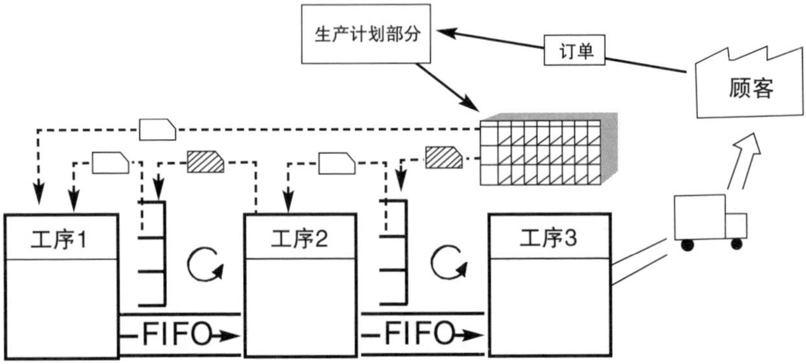

库存超市与顺序拉动混合系统

Push Production（推动生产）

按照市场预测大批量生产产品，然后运送到下游工序或仓库，不考虑下一个工序实际的需要。这种系统不可能形成精益生产中的连续流。

参见：Batch and Queue（批量与等待）；Production Control（生产管理）

对比：Pull Production（拉动生产）

Quality Assurance（质量保证）

参见：Inspection（检查）

Quality Control Circle（品管圈）

一个包括操作员和班长的小组，一起认清工作区的问题，进行分析，并提出解决对策。

有别于一般西方的公司，丰田的品管圈融入现场生产组织，是属于全面质量控制的一部分，一般每个月开 2—3 次会议，每次会议历时 30—60 分钟。

管理专家彼得·德鲁克说，第二次世界大战期间品管圈在美国曾经被广泛使用，但战后在日本才被发扬光大。美国在 20 世纪 70—80 年代，由于质量改革运动，品管圈的概念再度回归美国企业。可惜一般美国公司没有将品管圈和持续改善的理念相结合，品管圈在 20 世纪 80 年代后期因热潮不再而逐渐消失。

参见：Team Leader（班长）；Total Quality Control（全面质量控制）

Quality Function Deployment（QFD）（质量功能展开）

一个供多职能部门的团队共同协作，依据客户要求（Voice of Customer）制定产品质量规格的目视决策程序。目的是就满足客户需求的产品规格达成共识。

质量功能展开考虑各职能部门的立场，及早谋求最好的方案以满足客户对产品质量、准时供货和成本的要求，并且下达给各相关部门去执行。质量功能展开可以减少生产启动期间的不良品和返工，提升质量。

一方面，质量功能展开的“质量屋”包含客户各种明确以及未明确的要求，并且帮助团队将客户要求转换为行动和计划，同时加强各职能部门之间的沟通。另一方面，客户也根据质量功能展开来确定需求的优先度。关键供应商会被邀请参加质量功能展开研讨会。

参见：Value（价值）

Red Tagging（红标签）

在 5S 行动中，给不需要的、准备从生产区域中移走的物品贴上红色标签。

通常把红标签贴在不需要的工具、设备和供应品上。贴上标签的物品会被放到一个存放区域，然后由相关人员决定是否可以用于公司的其他部门。如果没有其他用途的话，物品就会被废弃。红标签有助于实现 5S 中第一个 S 所提到的“把需要的物品和不需要的物品分开”。

参见：5S

Resident Engineer（驻厂工程师）

来自供应商的工程师进驻代工厂，与主机厂的工程师共同开发产品或者解决问题。有时也称为“客座工程师”（Guest Engineer)。

Reusable Knowledge（可重复使用的知识）

参见：Useable knowledge（可用的知识）

Right-sized Tools（适当尺寸的装备）

容易操作、维护，方便迅速换模，容易搬运，安装后能小批量制造的设备。这种装备有助于投资和人力的线性化。

适度装备的例子：比如可以放置在一个工作单元的小型洗衣机、热处理烤箱以及喷漆室等，以实现连续流。

参见：Capital Linearity（线性化投资）；Labor Linearity（线性化劳动力）

对比：Monuments（大批量生产技术）

Safety Stock（安全库存）

参见：Inventory（库存）

Sensei（导师）

日语“老师”的意思。精益思想者用这个术语代表从事现场改善工作多年，有着丰富精益知识和经验的先生们。导师必须具备沟通并且激励他人的能力。

比较：Change Agent（变革代表）

Sequential Pull（顺序拉动）

参见：Pull Production（拉动生产）

Service Level Agreement（服务水平协议）

客户和供应商之间的产品或服务协议，往往明确注明时间和其他目标。

通常的协议包括产品或服务的目标交付时间，以及必要的缓冲时间条款。例如，“放射科部门同意标准胸腔影像可以在 60 分钟内完成”。这种“固定时间缓冲”（Fixed-Time Buffer）意味着有一些要求可能提早完成，有些需时较长，但是平均时间保证在 60 分钟内完成。另外一种协议“固定时间协议”（Standard-Pace Agreement）则明确交付时间，例如，“环卫部门同意每天下午 3 时以前提出物品补充申请”。

还有一种比较复杂的协议称为“进行到叫停协议”（Proceed Until Halted）。主管人员被告知工作已经开始，比如：正在核查某病人的医疗保险，除非主管人员在特定期间内下令终止，否则这项工作会持续进行。

Set-based Concurrent Engineering（多方案同步进行的开发工程）

在产品或服务项目开发初期，参与团队提出多个设计方案，而不局限于一个设计。设计者能够：

- 使用权衡曲线图以及设计指导书分析已有的设计方案，进而寻求更好的设计

- 开发多种设计方案，淘汰一个设计必须证明其不能满足需求或不可行

- 先设定设计目标，根据分析和测试结果决定产品规格和可接受的误差范围

- 直到团队完全掌握了不同设计方案的优劣，再决定方案的选择

这个方法可以帮助设计团队学习，并且从长远角度考虑，比设计早期就选择设计方案的做法更节省时间与费用。后者往往造成试制期间的错误、返工、项目失败，乃至损失了学习机会。

参见：Trade-off Curves（权衡曲线）

Set-up Reduction（缩短换型时间）

一套缩短一个产品转换成另一个产品换型时间的方法。

减少换型时间的六个基本步骤是：

1. 测量当前情况下的总换型时间

2. 确定内部和外部操作，计算出每个工序的时间

3. 尽可能地把内部操作转化为外部操作

4. 减少其他内部操作的时间

5. 减少其他外部操作的时间

6. 把新的流程标准化

参见：Changeover（换模）；SMED（快速换模）

Seven Wastes（七种浪费）

大野耐一把大批量生产方法中的浪费划分为七类：

1. 过量生产：制造数量、时间上超过下一个工序或是客户需求的产品。这是浪费形式中最严重的一种，因为它会导致其他六种浪费。

2. 等待：出于机器周期长、设备失效或缺料等原因，操作员在生产周期中空闲地站在一旁等待。

3. 搬运：不必要的搬运物料和产品。例如，有两个连续的生产工位，将第一个工位完成的中间产品运到仓库，等需要时再从库房中取出，运到第二个工位。较理想的情况是让两个工位的位置相邻，以便产品能够从一个工位立即转到下一个工位。

4. 过度加工：进行不必要的加工，通常是由于不适用的工具或产品设计不良所导致。

5. 库存：当前的库存多于拉动系统计划的最小储备数量。

6. 动作：操作员进行非增值的动作，例如找零件，找工具、文件等。

7. 质量不良：检查、返工和废品。

参见：Changeover（换模）；Set-up Reduction（缩短换型时间）

Shingo, Shigeo (1909—1990)（新乡重夫）

新乡重夫是一位工程师，也是工业工程界的先导者。他的著作和教导对丰田生产系统（TPS）的传播有关键性的贡献。1955 年到 1980 年之间，他在丰田公司教导工业工程的方法，对象是厂里的主管和工程师。他的教导也促成丰田公司和其他公司开始规划内部持续改善的培训。他对“缩短换型时间”作出巨大的贡献，创立“快速换模”（SMED），用分解步骤的方法，总结了“内部操作”和“外部操作”两种不同的作业方式。

1988 年美国犹他州立大学商学院设立“新乡奖”，以促进企业使用精益生产追求卓越，并且对实施精益卓有成效的全球（以美国、加拿大、墨西哥居多）的各类机构颁发认证证书。

参见：Set-up Reduction（缩短换型时间）；SMED（快速换模）

Shojinka（少人化）

Shojinka 是三个类似的日本词汇 shojinka 少人化、shoninka 省人化、shoryokuka 省力化中的一个，三者的概念相关联，但意义各不相同。Shojinka 少人化是“柔性人力生产线”，能够依据客户需求变化，弹性地调整生产线上操作员人数。在英文中，称之为“线性化劳动力”（Labor Linearity），指一条总装线无论在产量是上或下的异动情况下，总是有能力平衡的劳动力。

Shoninka 省人化是“人数节约”（Manpower Savings），经由操作程序或机器设备的改善，节省生产线上的员工数目。

Shoryokuka 省力化是“劳力节约”（Labor Savings）。经由增加小型机器或装置来帮助生产释放一部分劳动力。这种小量的“劳力节约”有别于以“单人为计数单位的人数节约”。换句话说，“人数节约”是由“劳力节约”累计而成的。

参见：Cell（生产单元）；Continuous Flow（连续流）；Standardized Work（标准化作业）

Shusa（主查）

丰田产品开发体系中的总工程师，一个产品项目总负责人的角色。

参见：Chief Engineer（总工程师）

Single Minute Exchange of Die（SMED）（快速换模）

在尽可能短的时间里完成更换模具的过程，以制造不同的产品。SMED 所提到的目标换模时间是 10 分钟之内。

新乡重夫于 20 世纪 50—60 年代发展了缩短换模时间的研究，那就是把只能在停机时进行的内部操作（例如放入一个新的模具）与可以在机器运转时进行的外部操作（例如把一个新的模具送到机器旁）分开。同时，努力地把内部操作尽可能转换为外部操作。

参见：Changeover（换模）；Set-up Reduction（缩短换型时间）；Shingo（新乡）

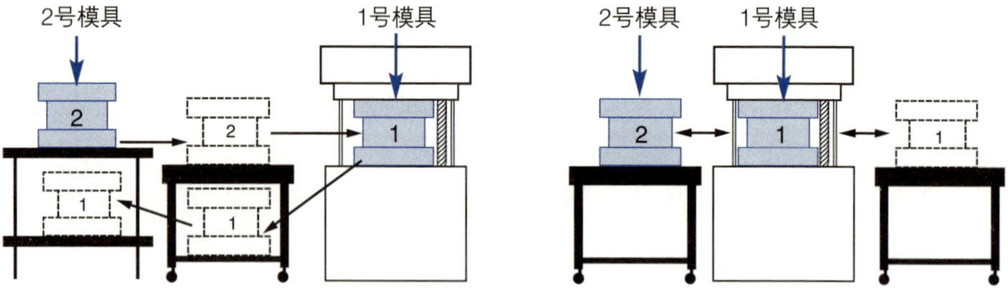

由于模具位置问题导致的缓慢换模　　　　快速换模

Single-Piece Flow（单件流）

参见：Continuous Flow（连续流）；One-Piece Flow（一件流）

Six Sigma（六西格玛）

一个每百万件产品中仅有 3.4 个不良品的质量标准，它代表了 99.9996% 的合格率。

六西格玛方法强调用数学与统计工具来改善制造流程中的质量控制，应用五个步骤（DMAIC）实施：定义（Define），测量（Measure），分析（Analysis），改进（Improve），控制（Control）追求完美质量。

1986 年摩托罗拉公司采用六西格玛方法，达成改善生产流程以及其他职能部门的目标。“六西格玛”一词是统计学中的标准差，度量对正态分布曲线平均值的偏离程度。

许多精益思想者应用六西格玛方法去解决流程不稳定的质量问题。

比较：Lean Thinking（精益思想）；TOC（约束理论）

Spaghetti Chart（意大利面条图）

按照一件产品沿着价值流中各生产步骤所绘制的路径图。之所以叫这个名字，是因为大批量生产的过程相对复杂，通常看起来像一盘意大利面条。

参见：Material Flow（物料流）

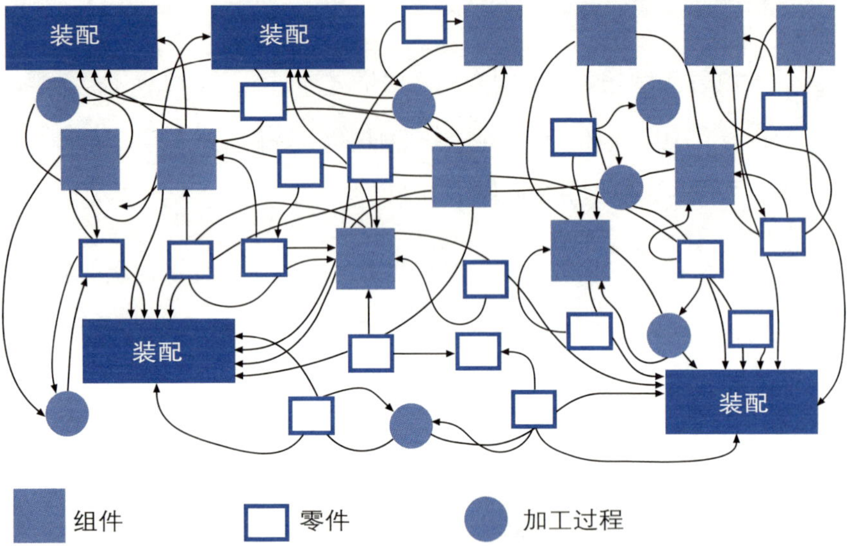

产品沿价值流流动形成的意大利面条图

Standardized Work（标准化作业）

为每个操作员的工作建立准确的工作流程，包括以下三个要素：

- 节拍时间：客户需求的速度。
- 准确的工作顺序：每个操作员按照节拍时间来完成工作的次序。

- 标准库存（包括在机器里的产品）：以确保生产过程能平顺地运转所需的产品数量。

标准化作业一旦建立起来张贴在车间后，就成为改善的对象。标准化操作的好处包括：能够书面化所有班次的工作，减少可变性，更易于培训新员工，减少工伤及疲劳，以及提供改善活动的基准线。

建立标准化作业通常使用三种表格。这些表格被工程师和现场管理人员用来设计生产流程，也被操作员用来改善自己的工作。

1．Process Capacity Sheet（流程能力表）

这张表格用来计算一个工作单元里每台机器的产量，以确定整个单元的真正产量，从而发现问题，并消除瓶颈。这张表格确定了机器周期时间，工具准备和换型的间隔时间，以及操作员的手动工作时间。

<table>
<tr><td colspan="2" rowspan="2">工序能力表</td><td rowspan="2">审批：</td><td colspan="3">零件号：</td><td colspan="2">应用：</td><td rowspan="2">填表人：</td></tr>
<tr><td colspan="3">零件名称：</td><td colspan="2">生产线：</td></tr>
<tr><td rowspan="2">No.</td><td rowspan="2">工序名称</td><td rowspan="2">机器号</td><td colspan="3">基本时间</td><td colspan="2">工具更换</td><td rowspan="2">每班加工能力</td></tr>
<tr><td>手动</td><td>自动</td><td>总计</td><td>更换</td><td>时间</td></tr>
<tr><td>1</td><td>切割</td><td>cc100</td><td>5</td><td>25</td><td>30</td><td>500</td><td>2分钟</td><td>896</td></tr>
<tr><td>2</td><td>粗磨</td><td>gg200</td><td>5</td><td>12</td><td>17</td><td>1000</td><td>5分钟</td><td>1570</td></tr>
<tr><td>3</td><td>精磨</td><td>gg100</td><td>5</td><td>27</td><td>32</td><td>300</td><td>5分钟</td><td>823</td></tr>
</table>

2．Standardized Work Combination Table（标准作业组合表）

这张表显示了生产工序中每个操作员的工作时间、走动时间和机器加工时间的结合。这张表比操作员平衡表更准确地提供流程设计的数据。完成后的表格可以体现该工序中人机交接的情况，当节拍时间有变化时可以用来重新计算操作员的工作内容。

标准化作业组合表		从：拿取SS管（原材料）			日期：2001年4月12日	每班需求量：690
		到：将成品放至发运料架			区域：卡车输油管单元	节拍时间：40秒

	工作要素	时间（秒）手动	时间（秒）自动	时间（秒）走动
1	拿取SS管放入弯管机	3		
2	取弯管，放入装配1设备	3		1
3	取连接件，放入夹具夹紧	4		
4	取软管，放入夹具	4		
5	装配1开始加工	1		
6	取出工件，缠上密封带	6		1
7	取弯管，放入装配2夹具	5		
8	取软管，装右金属箍	4		
9	放入夹具，夹紧	3		
10	取左金属箍，装至软管	3		
11	放入夹具，夹紧	3		
12	取阀门，放入夹具	3		
13	装配2开始加工	1		
14	取装配件，右端放入右夹具	5		1
	等等			
总计			等待	

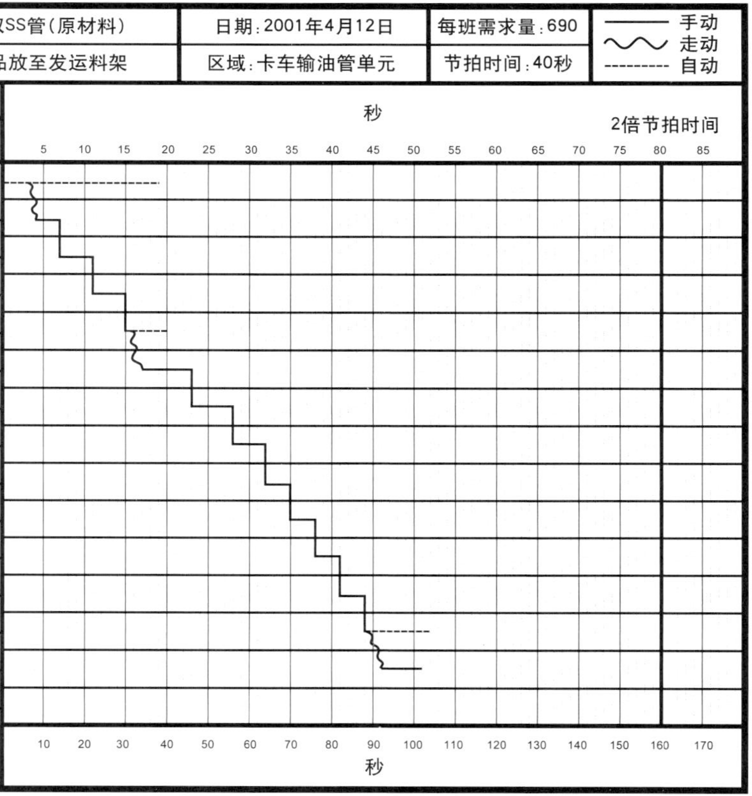

3．Standardized Work Chart（标准作业表）

这张表格显示操作员走动和物料存放位置与机器的相对关系，以及整个生产过程的布局。体现了组成标准化作业的三个要素：工作节拍时间（和周期时间），工作顺序和确保平顺运转所需的标准库存量。标准化作业表通常张贴在生产现场，是一个目视化管理和持续改善的工具，当现场状况变更或改善时能够随时被更新。

这三种表格通常还与另外两种文件——作业标准表和作业指导书，共同使用。

作业标准表，根据产品工程规格以及其他文件来规范产品的生产流程。典型的作业标准表会详细列出为保证质量的必要操作要求。

作业指导书，也称为作业细分书（Job Breakdown）或者作业要素书（Job Element），可以用来培训新员工。表格中列出了达成各工序安全、质量以及效率所需的技巧。

参见：Kaizen（改善）；Operator Balance Chart（操作员平衡表）；Plan, Do, Check, Act（PDCA）（计划、实施、检查、行动）；Takt

Time（节拍时间）

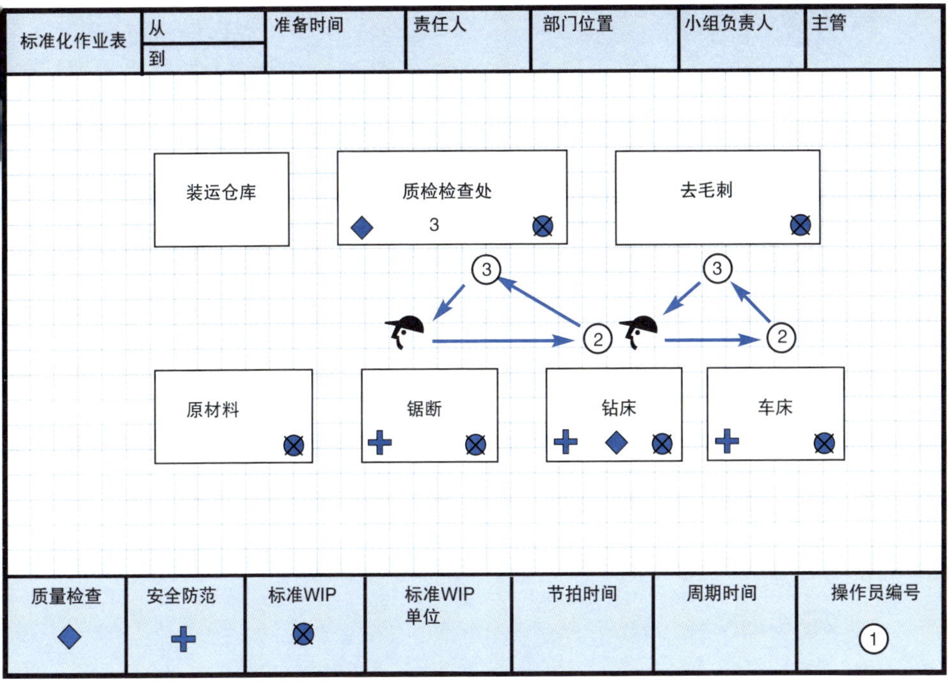

标准化作业表	从 到	准备时间	责任人	部门位置	小组负责人	主管

装运仓库

质检检查处
3

去毛刺

原材料

锯断

钻床

车床

质量检查	安全防范	标准WIP	标准WIP单位	节拍时间	周期时间	操作员编号
◆	✚	⊗				①

Strategy Deployment（战略部署）

一套串联企业的纵向职能部门以及横向产品或服务项目的管理方法，以达成战略目标。一个明确的年度计划包括目标、行动、时间、责任，以及衡量的方法。

下列 A3 报告是一位公司财务总监提出转亏为盈的战略计划。左上角的“绩效”栏里显示公司去年的“营业收入”和“息税前利润”（EBIT）两项未达目标。同时也列出“库存天数”，因为财务总监认为过多库存是公司最大的浪费，严重影响现金流。

上年主要的改善措施都没有奏效，“反思”栏里用 R（红色）标识出来。其下的“分析”栏里列出本年为达成战略目标以及盈利的重点工作。右边的“行动计划”列出执行战略目标的人、事、时、地、物的信息。最后，“跟踪”栏里列出关注事项，以及追踪进度。

战略部署的日文是 Hoshin Kanri。当一家公司启动精益转型的时候，可以采取“自上而下”的策略。一旦主要目标确定之后，就必须结合“自上而下”以及“自下而上”，双管齐下。管理层和项目小组之间经常就需要的人力资源与项目进度进行对话、沟通。这种沟通方式也被称为“接球”，描述彼此之间对问题解决方案的来回沟通过程。

战略部署的目标是把可用的资源配置到优先项目中去。因此只有那些值得的、重要的以及可实现的项目才会被批准。这样可以避免许多少数部门很热心，却未必被其他职能部门接受的改善项目。

当一家公司在精益转型中取得进展，并获得更多的经验之后，这个过程就应当演变为“下—上—下”。公司里的每个部门都向管理层提出改善建议，以期达成目标。在一些成熟的精益组织中，也有人称之为“战略展开”或“方针管理”。

参见：Plan, Do, Check, Act（PDCA）（计划、实施、检查、行动）

财务部门A3报告案例

专注：利润　　　　**消除浪费**

业绩、差距和目标

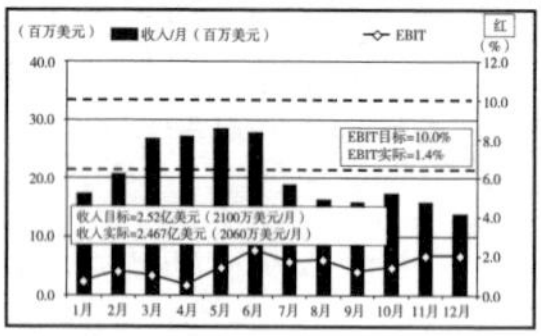

去年：收入目标=2.52亿美元
　　　收入实际=2.467亿美元
　　　EBIT目标=10%
　　　EBIT实际=1.4%
今年：收入目标=2.52亿美元
　　　EBIT目标=5%
　　　现金流增加=1000万美元

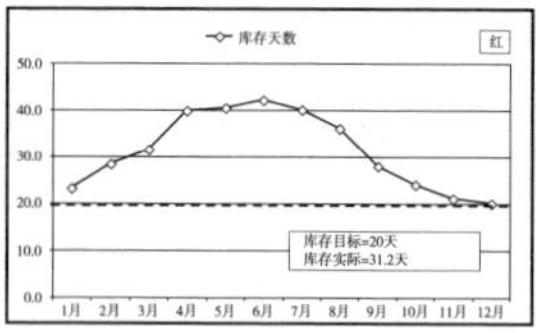

去年：库存目标=20天
　　　库存实际=31.2天
今年：库存目标=20天
　　　（减少630万美元库存）

对去年活动的回顾

活动	评级	关键结果/问题
改进新产品开发流程	红	目标：交货周期小于6个月 实际大于8个月 太多的设计变更 外贸价格压力变大 我们与客户接触吗
成本降低 （专注：库存、废品）	红	没有真正的进展：到处救火
对批发商的销售以抵消 OEM价格压力	红	没有获得大项目

分析/今年活动调整

利润=收入-成本；我们在这两个领域都有很大问题
收入：新产品缺乏客户需要的设计（批发商）以及空气质量
成本：库存、质量成本以及原材料浪费，都没有降低
要达到利润目标，我们必须：
（1）改进新产品流程，给客户想要的产品；
（2）减少浪费；
（3）让员工融入消除浪费。

签名：

* 具体案例可参考《精益战略部署》。——译者注

部门：财务

今年的行动计划

目标	行动	1月	2月	3月	4月	5月	6月	7月	8月	9月	10月	11月	12月
A.更好的产品，更快地推向市场	1.把制造、新产品开发和销售都链接起来（攻关小组并每月委员会回顾）	■	■	■									
	2.学习新的技术（专注定制尺寸和空气质量）	■	■	■	■	■	■						
目标	3.在新产品开发流程中降低成本	■	■	■	■	■							
精益时间/项目<6个月	4.在新产品开发中实施可视化管理	■	■	■	■								
设计变更/新项目<6	5.为产量、在制品和工程师负荷制定标准			■	■	■							
B.减少浪费——找到“隐藏的金矿”													
减少浪费目标 总共=1640万美元													
库存 11天（630万美元）	1.提高机器稳定性（按交付战略）	■	■	■	■	■	■	■	■	■	■	■	■
	2.专注库存热点的改善活动	■	■	■	■	■	■	■	■	■	■	■	■
质量成本 20%（450万美元）	按客户满意战略专注改善活动	■	■	■	■	■	■	■	■	■	■	■	■
经营费用 5%（230万美元）	1.实施部门减少浪费计划	■	■	■	■	■	■	■	■	■	■	■	■
	2.重新开始“赶上这个月”浪费活动	■	■	■	■	■							
材料成本 2%（210万美元）	1.与供应商协商成本降低	■	■	■	■	■							
	2.寻找钢、铝和铜的报价单	■	■	■	■	■							
加班 20%（120万美元）	通过改善活动提高4M（人员、机器、方法、材料）的稳定性	■	■	■	■	■	■	■	■	■	■	■	■
		1月	2月	3月	4月	5月	6月	7月	8月	9月	10月	11月	12月

跟踪/未解决事项

1.要达到这些富有挑战的目标，我们必须腾出时间来。主要的时间浪费是会议和邮件
——消除不必要的会议和邮件，设定相关的标准来保证时间

2.我们将要依靠制造的改善办公室。我们的人员充足吗？
——回顾一下，如果需要的话扩充人员

3.我们需要在减少浪费活动中融入我们的班组成员
——与人力资源和制造部门共同确认计划

作者：埃德·沃尔夫
版本和日期：V6

Supermarket（超市）

一个存放标准库存以供应下游工序的地方。

超市通常都被安置在生产、供应工序附近，以帮助操作员看见客户使用与需要的情况。超市中的每个产品都有一个固定的位置，方便物料搬运员提取下游所需的产品。当产品被提取后，物料搬运员会把一个生产指令（例如看板卡或一个空箱子）带回到上游工序，启动生产程序。

1953 年丰田公司在丰田市总厂的机械车间里，设置了第一个超市。大野耐一从美国超市的照片中，看到货品按照明确的位置摆放到货架上供客户提取，因而受到启发，产生了这个想法。

参见：Fill-Up System（补充系统）；Kanban（看板）；Material Handling（物料搬运）；Pull System（拉动系统）

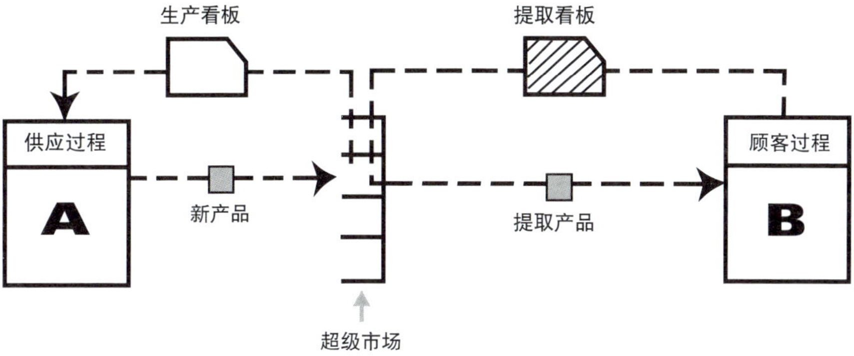

Takt image（节拍概念）

在产品不能按照节拍时间被提取的生产工序，需要创造一个节拍时间的概念。

在生产流程终端的总装线上，因为产品按照节拍时间产出，所以节拍时间比较明显。然而在某些上游的生产单元或专用工序里（例如冲压），对客户需求，节拍概念比较难以传达。

节拍概念可以通过单位制造时间来传递生产信号（节拍时间 × 单位包装数量）。如果一个节拍时间为 1 分钟的生产单元要向下游工序装运一包 20 件的产品，节拍概念就是 20 分钟。尽管节拍概念的效果并不如节拍时间好，但它还是可以让员工在短时间内发现生产流程与客户需求的步调不一致。

参见：Pitch（单位制造时间）；Takt Time（节拍时间）

Takt Time（节拍时间）

可用的生产时间除以客户的需求量。

例如一个机械厂每天运转 480 分钟，客户每天的需求为 240 件产品，那么节拍时间就是 2 分钟。如果客户每个月需要 2 件产品，那么节拍时间就是两周。使用节拍时间的目的在于把生产与需求相匹配。它提供了精益生产系统的“心跳节奏”。

节拍时间是 20 世纪 30 年代德国飞机制造工业中使用的一个生产管理工具（Takt 是一个德语词，表示像音乐节拍器那样准确的间隔时间），指的是把飞机移动到下一个生产位置的时间间隔。这个概念于 20 世纪 50 年代开始在丰田公司被广泛应用，并于 60 年代晚期推广到丰田公司所有的供应商。丰田公司通常每个月评审一次节拍时间，每 10 天进行一次评估是否需要调整。

参见：Cycle Time（周期时间）；Heijunka Box（生产均衡柜）；JIT（及时生产）；Operator Balance Chart（操作员平衡表）；Pacemaker process（定拍工序）；Pitch（单位制造时间）；Takt image（节拍概念）

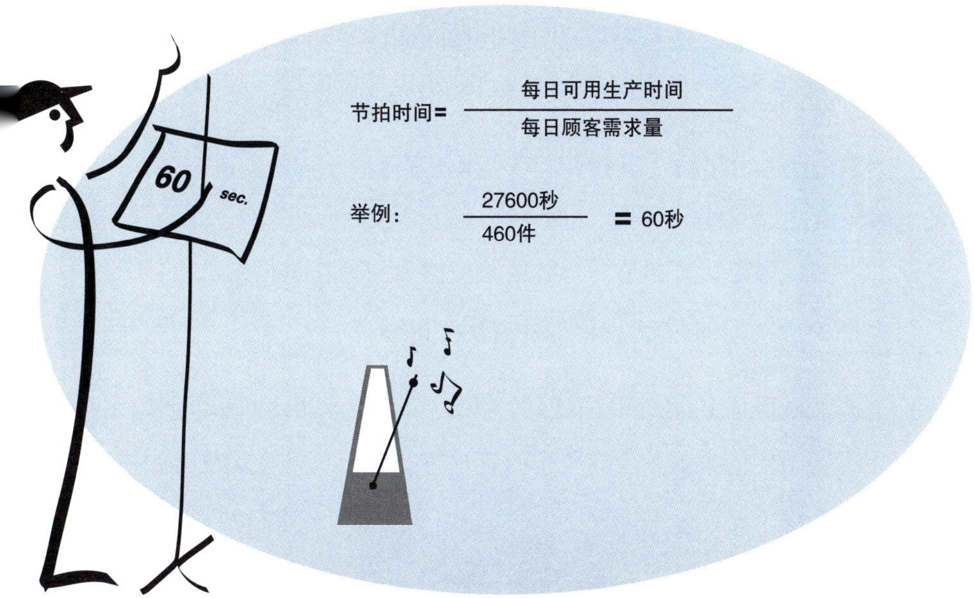

节拍时间计算

Target Cost（目标成本）

一个产品为了满足客户的价值，同时还希望获得利润回报，那么必须设定一个目标成本，也就是成本的上限。

丰田公司对那些有长期合作关系的供应商提出目标成本。由于无法从公开招投标取得合理的市场价格，丰田公司和它的供应商通过协商，在保证丰田和供应商利润率的同时，尽可能地降低成本（减少浪费）以达成目标价格。

Team Leader（班长）

日本丰田公司请一个有经验与能力的操作员担任班长，带领 5—8 个其他员工。日文称之为 Hancho。

班长是丰田公司设立的最基层，支持员工解决问题的职位。不同于传统大批量生产公司的管理方式，班长是推动改善的核心人物，负有解决问题、保证质量以及基础设备维护的责任。

班长不是一个正规的管理职位，不具有行政权力，但是熟悉班里每一个工位的工作，可以帮助或替代其他遇到问题的员工。班长看到信号灯或停线时，负责解决问题，带领改善工作，并且使用标准作业表格检查员工的作业方式，以确保标准作业切实执行。

参见：Andon（按灯或称信号灯）；Group Leader（组长）；Preventive Maintenance（预防性维护）；Standradized Work（标准化作业）；TPS（丰田生产系统）

Theory of Constraints (TOC)（约束理论）

“约束理论”是以色列物理学家 Eliyahu Goldratt 博士发展出的一套企业转型的管理哲学与方法。1984 年 Goldratt 博士和 Jeff Cox 合著《目标》（*The Goal*）一书，使“约束理论”得以发扬光大。

“约束理论”专注于消除或管理各种阻碍公司达成运营目标的种种约束和因素，以提升利润。其重点是排除约束的障碍，增加输出；而精益则着重消除浪费，促进价值流动。两者都着眼于整个系统的改善，而不仅限于个别组织。

比较：Lean Thinking（精益思想）；Six Sigma（六西格玛）

Three Ms (3M)

参见：Muda, Mura, Muri（浪费、不均衡、超负荷）

Three Ps (3P)

参见：Production Preparation Process（生产准备流程）

Throughput Time（产出时间）

参见：Cycle Time（周期时间）

Total Productive Maintenance (TPM)（全员生产维护）

最早由日本丰田集团的 Denso 公司所倡导的一套管理系统，以确保生产流程中每一台机器都能完成任务。

这套系统从三个角度来理解"全面"：第一，需要所有员工的参与，不仅仅是维护人员，还包括生产线经理、制造工程师、质量专家以及操作员等。第二，要通过消除六种浪费来追求总生产率。这六种浪费包括：失效、调整、停工、运转速率降低、废料以及返工。第三，强调设备的生命周期，以评估设备生命周期中的保养、使用与改善。

全员生产维护要求操作员定期维护设备，执行预防措施。例如，操作员定期进行诸如润滑、清洁以及设备点检等工作。

参见：Overall Equipment Effectiveness（OEE）（设备综合效率）

Total Quality Management（全面质量管理）

参见：Total Quality Control（全面质量控制）

Toyoda, Kiichiro (1894—1952)（丰田喜一郎）

丰田集团创始人丰田佐吉（Toyoda，Sakichi）的儿子，于20世纪30年代带领集团进入汽车行业。丰田喜一郎认为前一个工序只需要响应下游工序的需求，就可以保证整个生产流程只存放需要的物料。这种系统称为“及时生产”，后来成为丰田生产系统的两大支柱之一。

参见：Toyoda, Sakichi（丰田佐吉）；TPS（丰田生产系统）

Toyoda, Sakichi (1867—1930)（丰田佐吉）

丰田集团的创始人，于 20 世纪初发明了织布机上的侦测装置，可以在纺线断掉之后自动停机。这项革新使得织布工人可以一人管理多台织布机器，引出了 Jidoka（自働化）的概念，表示“具有人工智能的自动控制”。自働化也是丰田生产系统的两大支柱之一。

Toyota Production System（TPS）（丰田生产系统）

丰田汽车公司通过消除浪费、获得高质量、低成本和较短交付期，所开发出来的生产系统。丰田生产系统由及时生产（Just-in-Time）和自働化（Jidoka）这两大支柱组成，并且常用第 170 页图示中的“丰田屋”来加以解释。丰田生产系统的维持和改善是遵循 PDCA 的科学方法，并且反复地进行标准化操作和改善而实现的。

丰田生产系统的发展要归功于大野耐一，他是丰田公司在第二次世界大战后期的生产负责人。大野耐一把丰田生产系统从机械加工推广到整个丰田公司，并且于 20 世纪 60—70 年代推广到丰田供应商。在日本国境外，丰田生产系统的传播最早开始于

1984 年设在美国加利福尼亚的丰田–通用合资汽车公司 NUMMI。

及时生产（Just-in-Time）和自働化（Jidoka）都源于第二次世界大战前。丰田集团的创始人丰田佐吉于 20 世纪早期，通过在自动织布机上安装自动停机的装置，在纺线断掉的时候能自动停机，据此提出了自働化的概念。这不仅改善了质量，并且把工人解放出来，去做一些增值的工作，而不只是守在机器旁。最终自働化的概念被应用到丰田公司每台机器、每条生产线上。

丰田佐吉的儿子丰田喜一郎，是丰田汽车公司的创始人，于 20 世纪 30 年代开发了及时生产的概念。他主张不需要过量库存，并且努力与供应商合作来均衡生产。在大野耐一的领导下，及时生产发展成为一个运用物料与信息流来控制过量生产的方法。

1990 年《改变世界的机器》一书的出版使得丰田生产系统开始作为一个典型标杆生产系统，在全球取得迅速、广泛的认可。这本书是美国麻省理工学院（MIT）对丰田生产系统进行了 5 年研究的成果。麻省理工学院的研究人员发现丰田生产系统远比传统的大批量生产有效，选用了“精益生产”来体现一种不同于传统大批量生产的方法。

参见：Jidoka（自働化）；JIT（及时生产）；Lean Production

（精益生产）；Ohno,Taiichi（大野耐一）；Toyoda, Kiichiro（丰田喜一郎）；Toyoda, Sakichi（丰田佐吉）

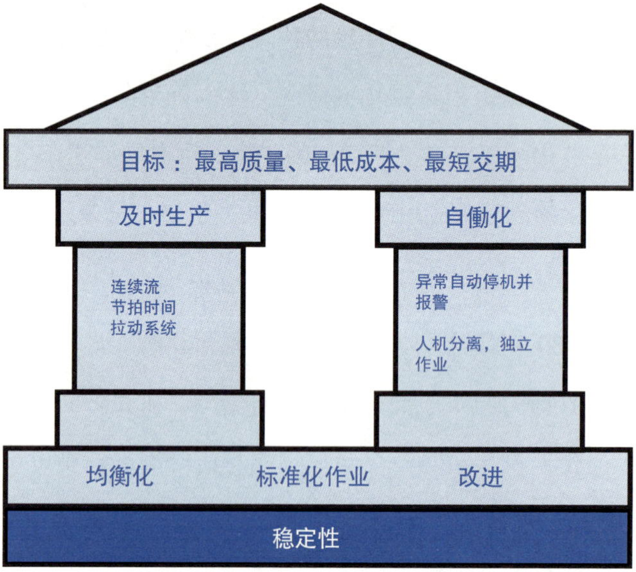

丰田屋

Trade-off Curves（权衡曲线）

用简单的图示来描述一个特定设计方案的功能极限。通常将 2—3 个设计因素列为关键参数，建立彼此之间的关联关系，转换成客户所关注的价值，例如一根管子的直径和管壁厚度

（设计决定因素）直接关系到液体的压力和流速（客户需求）。

权衡曲线图汇总应包含产品的图样和流程、失效模式、原因分析、解决对策，以及一张显示失效模式和关键参数之间的关系（如下图所示）。设计部门使用工程点检表来总结权衡曲线提升的要点，作为精简有效的设计指南。

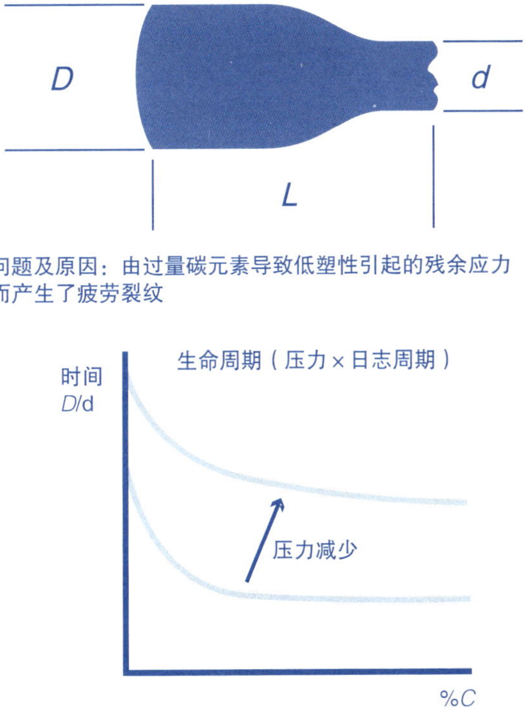

锻颈拉杆的权衡曲线图

Training Within Industry (TWI)（一线主管技能训练）

美国在第二次世界大战期间发展出来的一系列培训方法，用来帮助企业培训新员工，以补充人员流动造成的损失。

一线主管技能训练包括三个主要的培训程序，总称为“J”流程：

· 工作指导（Job Instruction)：帮助经理和有经验的师傅如何教导新员工，如何操作才能减少不良品、废品、返工、工伤以及工具设备的损伤。

· 工作方法（Job Method）：教导员工改善方法，善用人力、机器和材料，用较短的时间高效地完成高质量的产品。

· 工作关系（Job Relations）：教导经理有效而且公平地处理人际关系的问题，如搜集事实、衡量轻重、作决定、执行和追踪结果。

当美国在战后的繁荣中遗忘了一线主管技能训练，一些在挣扎中的日本公司，包含丰田在内，却积极采用一线主管技能训练。直到如今，工作指导仍然是丰田公司在全世界培训班长的主要工具。近年来，一线主管技能训练重生运动已经在美国和其他国家展开。

参见：Lean Thinking and Practice（精益思想和实践）

True North（真北）

一家企业在战略上与哲理上的愿景与目的，将具体的业务目标，例如销售额和盈利，以及鼓舞人心的、具前瞻性的战略结合起来。

Tsurube System（看板–先进先出系统）

一个连接制造流程中分离工序的方法。一些工序因为体积庞大或搬移投资费用巨大，暂时不得不分离在生产线或工厂外。看板–先进先出系统可以管控一定数量的材料依照顺序进，而流出的则是成品。Tsurube Houshiki 在日语里是两个水桶从水井里打水；用滑轮同时升降两个系在同一条绳子上的水桶，当空桶下降去装水的时候，装满水的桶上升。

如下页图示的例子，虽然只涵盖了部分价值流，但看板–先进先出系统串联主要工序和热处理工序之间的物流。每 20 分钟定量的物料从工序 20，以先进先出的方式送到热处理的设备，

20分钟后定量的物料从热处理设备送到下一个工序40。先进先出维持物料先进先出的顺序（下图中实线箭头表示物流的方向）。因为有节奏的送料和取料，一旦有中断，经理会在20分钟之内得到信息。管理层为了改善系统，会提问为什么热处理是分离作业？如何合并成一个系统？实施看板－先进先出系统的先决条件是维持制造流程的稳定，这样才能保证物料的流动和拉动。

参见：Continuous Flow（连续流）；FIFO（先进先出）；Pull Production（拉动生产）

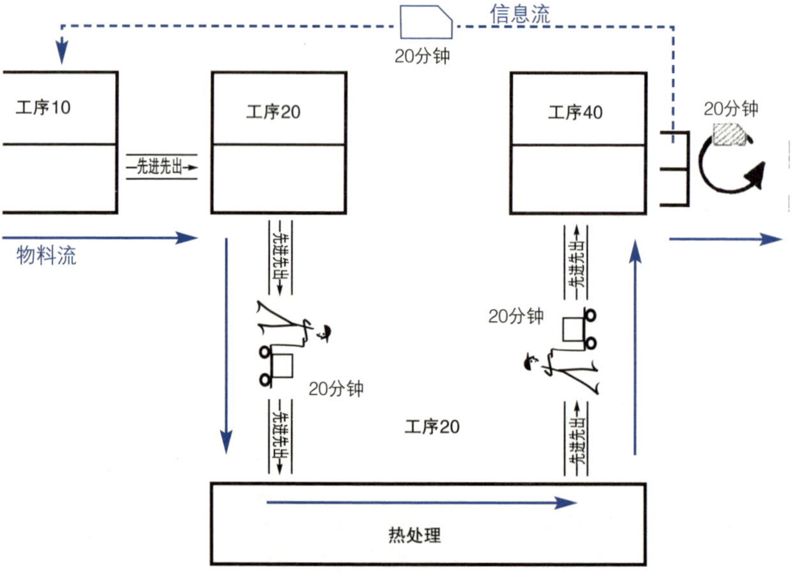

看板–先进先出系统

Useable Knowledge（可用的知识）

“可用的知识”是精益产品开发中所积累的“价值”。大多数开发项目的不成功都是因为缺乏适当的知识。精益企业通常会花费大量时间来创造和积累知识，并且希望能反复地应用在其他项目上。因此，可以制作成设计指南或权衡曲线。

Value（价值）

一个由客户来判断，并且通过售价和市场需求来反映的产品价值。

一个典型的产品是经由制造商设计一系列行动创造出来的。有些活动根据客户需求去研制产品，而有些仅仅基于现有的设计和设备进行生产。精益思想的目的是增强前者，不鼓励后者。

Value-Creating（增值）

任何客户认为有价值的活动。评估一个任务是否增值，最简单的方法就是去问客户，如果省略这个任务，他们会不会认为产品的价值有所减少。例如，返工和等待就不可能被客户认为是有价值的活动，然而却经常出现在实际的生产步骤中。

Non Value-Creating（非增值）

在客户眼中，任何只增加成本而不增加价值的行动。

Value-Creating Time（增值时间）

参见：Cycle Time（周期时间）

Value Stream（价值流）

一个产品从概念到投产（开发价值流），以及从订单到运输过程（运营价值流），所有增值或非增值的活动。价值流包括转换客户需求，付诸行动制成产品，以及各个环节对应的信息流程。

Value-Stream Improvement（价值流改善）

一个基于科学精神，通过计划—实施—检查—行动（PDCA）

或称计划—实施—研究—调整（PDSA）实施改善的方法。在一个特定的价值流中，结合科学和文化因素，实施正向而可持续的改变。

PDCA 与价值流改善的三个阶段紧密结合：（1）领导层明确企业需要的改善项目，了解改善对组织的影响，并确定项目范围。（2）在 3 天的研习会中，参与者制定价值流的当前状态图，分析问题，然后以价值流未来状态图的方式提出解决对策。（3）在改善阶段，通常在 60—120 天内，团队不断地学习和试验，实施对策以改善价值流的效能，然后检查结果。

精益术语中，“对策”（Countermeasures）是一种解决问题的方法，但当时并不知道是不是最好的解决方法。“解决方案”（Solutions）指的是一劳永逸的解决方法。“对策”解决当前问题，鼓励持续改善，因而发展成为价值流的管理系统，持续追求卓越。

参见：VSM（价值流图）；Plan, Do, Check, Act（PDCA）（计划、实施、检查、行动）

Value Stream Manager（价值流经理）

一个负责价值流运转的人。价值流可以从产品、商业层面（包括产品开发）或者工厂运营层面上（从原材料到运输）来定义。价值流经理是构建价值流的人，从客户的角度来定义价值，并且致力于创建一条不断改善的增值流。

价值流经理关注的是组织和分配创造价值的活动和资源，而这些资源（资金、设备、人员）不一定“属于”价值流经理。因此，价值流经理需要把自身的职责和拥有资源的职能部门的职权区分开来。职能部门的角色根据价值流经理的需求，为实现价值流提供必要资源。价值流经理要通过影响力来领导，因此这种方式无论是在传统的职能型组织或是矩阵型组织中，都可以同样有效。它避免了矩阵型组织中经常出现的职责不清，或无法有效决策等问题。

价值流经理的原身是丰田公司的总工程师，这个职位只拥有很少的员工和资源。

参见：Chief Engineer（总工程师）

Value Stream Mapping（VSM）（价值流图）

一个图表绘制出从产品订单到运输给客户的过程，包括每一个工序的材料流和信息流。

价值流图可以在任何一个点及任何时间里绘制出来，以提高大家对改善机会的认识。下图是一张当前状态图，根据产品从订单到运输的路径来说明现况。

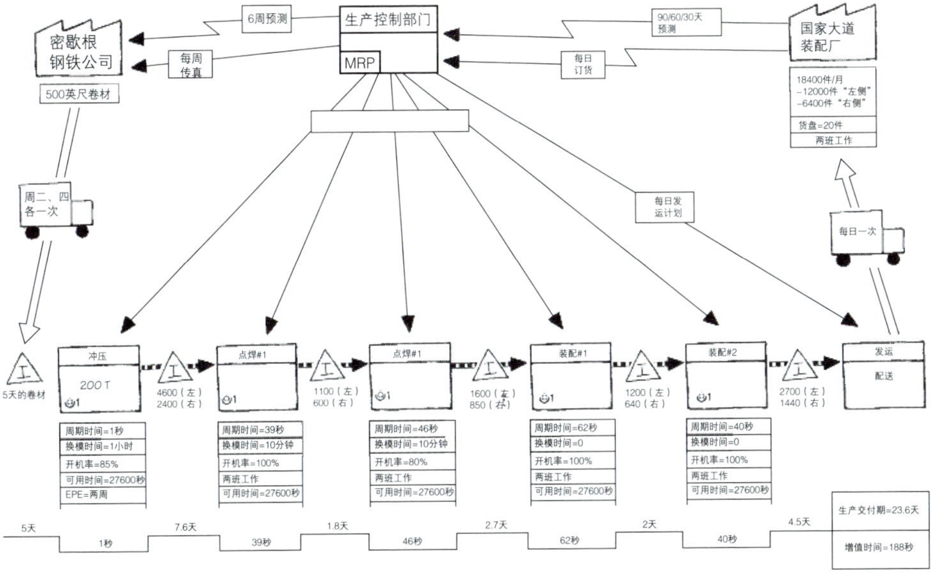

当前状态价值流图

下面的未来状态图，绘出了从当前状态图中发现的可改进的地方，以便将来能够达到更高的操作水平。

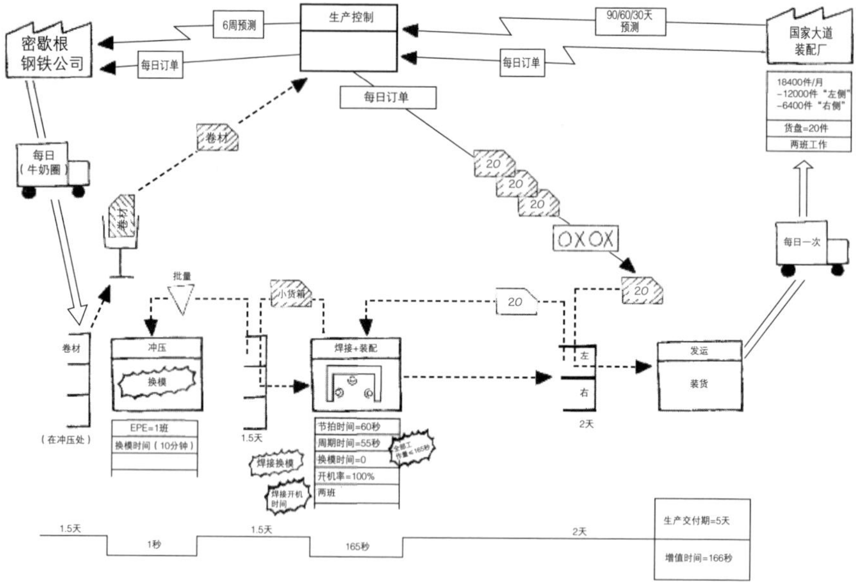

来源：《学习观察》案例

理想状态价值流图

某些情况下，使用不同的精益工具绘制一张理想状态图，可能会更容易显示出改善机会。

参见：Information Flow（信息流）；Material Flow（物料流）

Visual Management（目视化管理）

所有工具、产品、生产活动和生产系统的操作与绩效都可以用数据或平面图标显示出来，从而使所有相关人员都可以对当前状态一目了然。

参见：Andon（按灯或称信号灯）；Jidoka（自働化）

Waste（浪费）

任何消耗资源却没有为客户创造价值的活动。多数的活动都有浪费，可以分成两种类型：

Ⅰ型浪费：是目前的技术和生产设备所导致的不可避免的浪费。一个例子是检查焊缝以确保安全。

Ⅲ型浪费：不创造任何价值，可以被立即取消。例如，将工艺专业化布局等不连接的工序重新布置成一个不需要物料搬运和库存的生产单元，来消除浪费。

在多数价值流活动中，真正为客户创造价值的活动其实只占所有活动中很小的一部分。消除浪费是改善公司运作和对客户服务的有力抓手。

参见：Muda（浪费）；Seven Wastes（七大浪费）

Waterspider（水蜘蛛）

参见：Material Handling（物料搬运）

Work（工作）

制造产品流程中需要的人工动作或者相关的活动。活动可以划分为三个类别：

1. 增值工作：制造产品所需要的直接工作。例如焊接、钻孔以及喷漆。

2. 必要非增值工作：操作员为了制造产品必须实施，但是在客户看来，并不一定创造价值的工作。例如，伸手去拿工具或卡紧夹具。

3. 浪费：不创造价值而且可以被消除的工作。例如要走动才能拿到需要的物料。

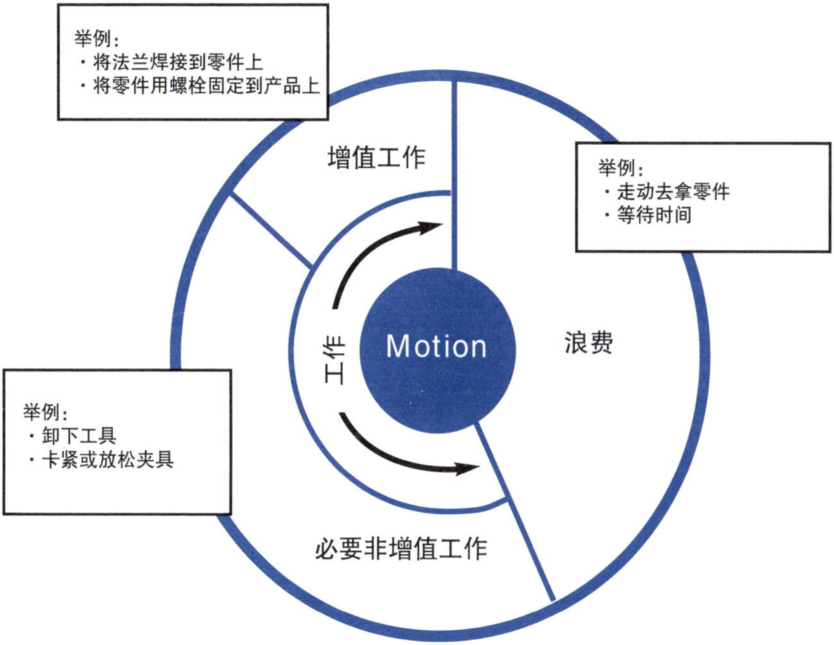

工作时的动作分类图

Work Element（作业要素）

一个操作员在一个工位上，完成一个工作周期的所有步骤；有需要时，这些步骤可以分解成最小增额的工作量，并转移给另一个操作员。

将工作分解成“作业要素”有助于识别和消除操作员工作周期之内隐匿的浪费，经过重新分配可以满足节拍时间的要求，进一步实施连续流。操作员平衡表中每个小竖条即代表一个作业要素。

Work-in-Process (WIP)（在制品）

工厂内各工序之间的半成品。在精益系统里，标准在制品数量是指价值流在生产单元内平稳流动所需要的最小库存数量。

Yamazumi Board（山积表）

Yamazumi 在日语里是“堆”或“摞”成高低不同的山峰状的意思。

参见：Operator Balance Chart（操作员平衡表）

Yokoten（横向展开）

日语里 Yokoten 是在公司内部将想法、意见或政策横向地传达实施。

举例来说，发现工厂里一部生产机器中出现了一个不良的阀门，透过横向展开的方法，迅速通知所有使用类似阀门的部门或工厂进行，全面检查。

参见：Strategy Deployment（战略部署）

价值流图符号

当前状态图和未来状态图的符号总共有 3 类：物流符号、信息流符号和普通符号。

符号	含义	备注
	客户	用来表示内部或外部客户
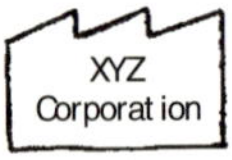	外部来源	用来表示顾客、供应商和外协的制造过程
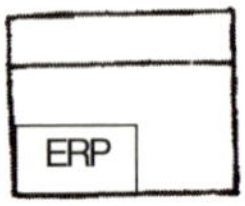	流程	每一个方框代表流程中的一个生产工序或部门，所有的过程都应该标出来。本图标中 ERP 表示信息系统的使用
	数据框	用来记录与制造过程、部门等相关的信息
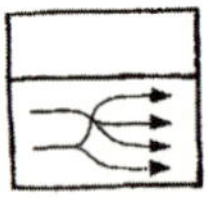	周转仓库	通常货物从入仓的货车等设备上卸下后，直接被运送到传输管道上等待出仓
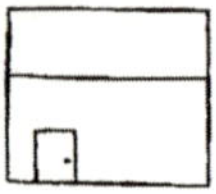	仓库	物料被存放于此，并在需要的时候被取走送往各处

符号	含义	备注
	空运	标有运输频率
	铁路运输	标有运输频率
	汽车运输	标有运输频率
	海运	标有运输频率
	库存	应有数量和时间
	纸质文件、书面订单	用来表示发生了物理订单（或待处理事项）的积压
	电子信箱	用来表示发生了电子订单（或待处理事项）的积压
	延迟时间	用于表示非积压原因造成的延迟。例如资源不足、生产排期等
	通过“推动”来移动物料	用来表示由生产者“推动”，而不是由顾客或下游工序拉动的物料移动
	向顾客运输成品	代表从供应商处发出的原材料和部件不是推动的

符号	含义	备注
	库存超市	受控制的零件库存，用来计划上游工序的生产
	拉动	从超级市场中拉动物料
	按照“先进先出”的顺序在过程之间传递一定数量的物料	代表一个控制产品数量和保证工序之间为先进先出流的设备。应标出最大允许数量
	协议服务（SLA）流程	用于表示基于服务协议（SLA）的动作的切换环节。SLA 往往有具体的指标约束（如作业周期时间或产品交付周期等）
	手工信息流动	例如：生产计划和运输计划
	电子信息流动	例如：通过电子数据交换系统（EDI）
	信息	描述一个信息流
	生产看板（虚线表示看板的流动）	告诉一个过程应该生产多少产品，并下达生产指令
	提取看板	告诉一个过程应该提取多少产品，并下达提取指令
	信号看板	拉动上游生产的信息看板（比如：冲压工序），当达到记录点和需要生产另一批次时，看板便发出信号

符号	含义	备注
	看板架	收集看板的地方，运送时用来放置看板
	看板成批量送达	
	任务平衡	在一段指定时间内，平衡产量和产品类型看板的工具
	重复或返工	表示此流程需要重复进行。需要标明是计划内的重复作业还是计划外的返工
	缓冲或安全库存	必须标出“缓冲”或“安全库存”
	电话	通常表示信息的快速传达
	送牛奶式物料配送	
	加急运输	
	操作员	代表一个人的俯视图
	改善点	用以标明需要进行特定的改善以达到未来状态的需求。可以针对该改善点进行专门的研讨

符号	含义	备注
	时间节点	用以标明特定的日期节点或时间节奏。可以置于价值流图的上方或下方，用来标明时间进度或检查频次
	“去看看”的生产计划方法	根据库存量来调整生产计划

本书所用到的精益术语缩略词

3M—Muda, Mura，Muri（浪费、不均衡、超负荷）

3P—Production Preparation Process（生产准备过程）

4M—Material, Machine, Man, Method（人、机、料、法）

5S—Sort, Straighten, Shine, Standardize, Sustain（整理、整顿、清扫、标准化、持续）

ADOH—Average Days on Hand（平均库存持有天数）

EPEx—Every Product Every Interval（每一产品被再度生产的周期）

FIFO—First in, First Out（先进先出）

JIT—Just-in-Time（及时生产）

LAMDA—Look, Ask, Model, Dicuss, Act（观察、提问、模型、讨论、行动）

MVP—Minimal Viable Product（产品的最低特性要求）

OBC—Operator Balance Chart（操作员平衡表）

OEE—Overall Equipment Effectiveness（设备综合效率）

PDCA—Plan, Do, Check, Act（计划、执行、检查、行动）

PFEP—Plan For Every Part（每个产品的计划）

SMED—Single Minute Exchange of Die（快速换模）

TPM—Total Productive Maintenance（全员生产维护）

TPS—Toyota Production System（丰田生产系统）

TWI—Training Within Industry（一线主管技能训练）

WIP—Work-in-Process（在制品）

VSM—Value Stream Mapping（价值流图）

本书自日语中引用的精益术语

Andon（按灯或称信号灯）

Chaku-Chaku（洽咕－洽咕，拟声词）

Gemba（现场）

Genchi Genbutsu（现地现物）

Hansei（反省）

Heijunka（均衡化）

Hoshin Kanri（方针管理）

Jidoka（自働化）

Jishuken（自主研）（日文发音的原意）

Kaikaku（改革）

Kaizen（改善）

Kakushin（革新）

Kamishibai Board（业务管理板）

Kanban（看板）

Kata（套路）

Mizusumashi（水蜘蛛搬运）

Muda（浪费）

Mura（不均衡）

Muri（超负荷）

Nemawashi（建立共识）

Obeya（大部屋）

Poka-Yoke（防错）

Seiketsu（清洁）

Seiri（整理）

Seiso（清扫）

Seiton（整顿）

Sensei（导师）

Shitsuke（素养）（日文 5S 的原意，代表持续的意思）

Shojinka（少人化）

Shusa（主查）

Tsurube System（看板 - 先进先出系统）

Yamazumi Board（山积表）

Yokoten（横向展开）

本书自德语中引用的精益术语

Takt Time（节拍时间）

精益企业中国（LEC）

精益企业中国（Lean Enterprise China, LEC）是一个非营利性组织，2005 年成立于上海，是精益全球联盟（Lean Global Network, LGN）32 个国家会员之一。

LEC 的使命是促进精益思想在中国的传播和实践，帮助企业精益转型，增强竞争力，回馈社会。我们的愿景是建立中国精益知识平台，引领精益人才培养。

LEC 致力于把精益理念和方法引进中国：

· 系统性引入精益知识体系：翻译及推出了 34 本精益专业书籍

· 凝聚精益同好，共同学习分享：举办了 14 届全球精益高峰论坛

· 启动中国企业精益实践的研究：出版了 5 本《精益实践在中国》

www.leanchina.net.cn